Lawrence A. Cunningham

Value-Investing

FBV

TITEL DER SIMPLIFIED-BUCHREIHE

Matthias von Arnim
Erfolgreich mit Aktien – simplified

Herbert Autengruber
Aktienfonds für jedes Anlageziel – simplified

Holger Bengs, Mike Bayer
Investieren in Biotechnologie – simplified

Lawrence A. Cunningham
Value Investing – simplified

Pierre M. Daeubner
Alles was Sie über Technische Analyse wissen müssen – simplified

Ed Downs
Die besten Chartmuster – simplified

Christian Eck/Marcel Langer/Matthias Riechert
Eurex – simplified

Heinrich Eibl
ETFs – simplified

Horst Fugger
Börsen-Lexikon – simplified

Horst Fugger
Derivate-Lexikon – simplified

Markus Gunter
Erfolgreich mit Investmentfonds – simplified

Walter Hubel
Mehr Geld im Alter – simplified

Markus Jordan
Zertifikate – simplified

Jay Kaeppel
Die 4 größten Fehler beim Handel mit Optionen – simplified

Dennis Metz
Devisenhandel – simplified

Markus Miller
Abgeltungssteuer – nein danke! – simplified

David Morgan
Insiderwissen: Silber – simplified

John J. Murphy
Charttechnik leicht gemacht – simplified

Oliver Paesler
Technische Indikatoren – simplified

Melvin Pasternak
Die 21 wichtigsten Candlestick-Formationen – simplified

Richard Pfadenhauer
Alles, was Sie über Derivate wissen müssen – simplified

Michael J. Plos
Daytrading – simplified

Georg Pröbstl
Die besten Dividendenstrategien – simplified

Michael Proffe
Die besten Trendfolgestrategien – simplified

Udo Rettberg
Rohstoffe – simplified

Stefan Riße
CFDs – simplified

Holger Scholze
Hebelprodukte – simplified

Antonio Sommese
Die richtige Finanzplanung – simplified

Daniel Wilhelmi
Emerging Markets – simplified

Lawrence A. Cunningham

VALUE-INVESTING

FBV

Bibliografische Information der Deutschen Nationalbibliothek
Die Deutsche Nationalbibliothek verzeichnet diese Publikation in der Deutschen Nationalbibliografie. Detaillierte bibliografische Daten sind im Internet über http://dnb.d-nb.de abrufbar.

Für Fragen und Anregungen:
cunningham@finanzbuchverlag.de

simplified

2. Auflage 2013

Nymphenburger Straße 86
D-80636 München
Tel.: 089 651285-0
Fax: 089 652096

Übersetzung: Carsten Roth
Lektorat: Dr. Renate Oettinger
Gesamtbearbeitung: Druckerei Joh. Walch
Druck: Books on Demand GmbH, Norderstedt

ISBN Print 978-3-89879-726-9
ISBN E-Book (PDF) 978-3-86248-354-9

simplified

Inhalt

simplified

DIE SIMPLIFIED-BUCHREIHE
WWW.SIMPLIFIED.DE

EINE ZUSAMMENARBEIT VON FINANZBUCH VERLAG UND INVESTOR VERLAG

simplified

1 Stilrichtungen der Kapitalanlage heute

Value-Investing ist wieder in Mode gekommen. Im Verlauf des Aktienwahns der späten 90er-Jahre des letzten Jahrhunderts suchte eine Minderheit von Anlegern aus reiner Gewohnheit nach Aktien, deren Kurs unter ihrem Wert lag. Sie vermieden so die Verluste, die die meisten Anleger hinnehmen mussten, die an der Börse ein gewisses Risiko akzeptierten. Während die letztere Gruppe mit scheinbar hohen kurzfristigen Gewinnen prahlen konnte, hatten die Value-Investoren langfristig die Nase vorn. Trotz der Renaissance des Value-Investing haben viele keine klare Vorstellung davon, worum es dabei überhaupt geht. Genau diese Vorstellung möchte dieses kleine Buch Ihnen vermitteln.

Derzeit dominieren fünf Anlagestile:

1) Value-Investoren verlassen sich auf die Fundamentanalyse der finanziellen Leistungen eines Unternehmens, um Aktien auszumachen, deren Kurse unter ihrem intrinsischen Wert liegen, also dem aktuellen Wert der künftigen Cashflows eines Unternehmens, über den wir in den folgenden Kapiteln noch sprechen werden. Diese Strategie geht auf Benjamin Graham und David L. Dodd zurück, die in den 30er-Jahren des letzten Jahrhunderts an der Columbia University lehrten. Seit den 70er- und 80er-Jahren des letzten Jahrhunderts gewann diese Strategie zunehmend Sympathien, weil Warren Buffett, der CEO und Präsident von Berkshire Hathaway Inc., sie sich zu Eigen gemacht hatte.

2) Wachstums-Investoren suchen Unternehmen, deren Gewinnzuwachs verspricht, den intrinsischen Wert schnell zu erhöhen. Der Investor und Autor Philip A. Fisher war der Erste, der diese Version des Value-Investing in den späten 50er-Jahren des letzten Jahrhunderts praktizierte. Peter Lynch, der Manager des Magellan-Fonds, erweiterte diese Strategie in den 80er-Jahren auf gewagte Weise.

3) Index-Investoren kaufen Wertpapiere, die ein großes Marktsegment abbilden, etwa den Standard & Poor's 500. Graham befürwortete die Vorteile dieser Strategie der Aktienauswahl, insbesondere für defensive Anleger. Diese Methode wurde in den 80er-Jahren von John C. Bogle, dem Gründer des Vanguard-Fonds, populär gemacht.

4) Technische Investoren benutzen Charts, um ein Marktverhalten aufzudecken, das andeutet, ob die Erwartungen steigen oder fallen, und sie erkunden Trends und andere Indikatoren eines »Momentums«. Diese Technik wurde in den späten 90er-Jahren weithin praktiziert; sie wird von William J. O'Neil, dem Gründer des Investor's Business Daily, favorisiert.

5) Portfolio-Investoren akzeptieren ein gewisses Risiko bei der Kapitalanlage und stellen ein Portfolio aus verschiedenen Wertpapieren mit dem entsprechenden Risikoniveau zusammen. Diese Theorie wurde in den 50er-Jahren des letzten Jahrhunderts entwickelt, in den 70ern von einigen Nobelpreisträgern im Bereich der Wirtschaftswissenschaften perfektioniert und durch den Ökonomen Burton G. Malkiel von der Princeton University in seinem berühmten Buch *A Random Walk Down Wall Street* bekannt gemacht.

Alle Anlagephilosophien stellen das wahrgenommene Verhältnis zwischen Kurs und Wert in den Mittelpunkt. Value-Investoren und Wachstums-Investoren sind der Meinung, dass Wert und Kurs zwei verschiedene Dinge sind, Index-Investoren sind sich nicht sicher, ob sie dieses Verhältnis herausfinden können, technische Investoren machen sich nur um den Kurs Gedanken, nicht aber um den Wert, und Portfolio-Investoren glauben, der Kurs sei zugleich der Wert.

Diese Überzeugungen haben verschiedene Strategien zur Folge:

1) Value-Investoren suchen Aktien von Unternehmen, deren Kurs unter ihrem Wert liegt;

2) Wachstums-Investoren suchen Aktien von Unternehmen, deren kurzfristiges Wachstum auf Wert hindeutet, was den aktuellen Kurs rechtfertigt;

3) Index-Investoren glauben, die sicherste Strategie sei es, Aktien zu kaufen, die im Wesentlichen den gesamten Markt abbilden;

4) Technische Investoren suchen nach Aktien, die schon sehr schnell zu höheren Kursen verkauft werden können;

5) Portfolio-Investoren glauben, dass Kurs und Wert identisch sind und deshalb Kursänderungen das Risiko messen und Anleger eine Mischung von Wertpapieren auswählen sollten, die das bevorzugte Risikoniveau darstellen.

Tabelle 1.1 zeigt die wesentlichen Grundsätze dieser fünf Anlagestile.

Um dies zu verdeutlichen, gehen wir davon aus, dass die Aktien von IBM gestern an der Börse von New York (New York Stock Exchange = NYSE) mit einem Kurs von 50 Dollar schlossen. Ob man diese Aktie kauft, ist bei jeder Anlagephilosophie von verschiedenen Faktoren abhängig. (Ob man verkaufen sollte, wird durch jeweils umgekehrte Überlegungen beeinflusst, auf die wir in Kapitel 8 eingehen werden.)

Stil	Beispiel	Kurs-Wert-Verhältnis	Beschreibung
Value	Graham/ Dodd, Buffett	Variabel und bestimmbar	Konzentration auf Wert, Suche nach Werten, die höher sind als der aktuelle Kurs
Wachstum	Fisher/ Lynch	Variabel und bestimmbar	Konzentration auf Wachstum, Suche nach Aktien, deren Wert schneller steigt, als der Kurs reflektiert
Index	Bogle	Unsicher und nicht bestimmbar	Ignoriert das Kurs-Wert-Verhältnis und kauft »den Markt«
Technisch	O'Neil	Kann in Beziehung zueinander stehen, ist jedoch nicht relevant	Konzentration auf Kurstrends
Portfolio	Malkiel	Identisch	Stimmt das Risiko auf das Maß des Kurs-Wert-Verhältnisses ab

Tabelle 1.1 Stilrichtungen der Kapitalanlage

- Value-Investoren (a) fragen sich, wie hoch der Gegenwartswert der prognostizierten künftigen Cashflows heute ist und ob er mehr oder weniger als 50 Dollar je Aktie beträgt, und (b) kaufen nur, wenn die Antwort mindestens 60 Dollar lautet. {Die Differenz von 10 Dollar zwischen Wert und Kurs kennzeichnet eine »Sicherheitsspanne« von 20 Prozent (10 Dollar / 50 Dollar = 20 Prozent); sehr konservative Value-Investoren fordern ein noch dickeres Polster.}

- Wachstums-Investoren (a) legen großen Wert auf das wahrscheinliche relative Wachstum des Umsatzes, der Gewinne und der Cashflows von IBM und (b) kaufen die Aktie dann, wenn sie überzeugt sind, dass ihr Wert in der nächsten Zeit auf 60 Dollar steigen wird.

- Index-Investoren runzeln die Stirn, wenn sie den Kurs mit dem Wert einer Aktie gleichsetzen sollen, und bevorzugen es, ihre Anlagen breit zu streuen. Sie kaufen Anteile eines Fonds, der wiederum IBM-Aktien, aber auch die Aktien Hunderter anderer Unternehmen kauft.

- Technische Investoren (a) achten genau auf Hinweise, die an den Börsen kursieren, um die Wahrscheinlichkeit beurteilen zu können, ob der Kurs von IBM sich innerhalb kürzester Zeit über oder unter 50 Dollar bewegen könnte, und (b) kaufen die Aktie, wenn es Gerüchte gibt, dass der Kurs sich in einen Aufwärtstrend begeben könnte. (Sie könnten aber auch Leerverkäufe tätigen, wenn sie von einem Abwärtstrend ausgehen, den Kurs von 50 Dollar jetzt festhalten und beschließen, die Aktie in der Zukunft zu einem – hoffentlich niedrigeren – Kurs zurückzukaufen).

- Portfolio-Investoren (a) sagen, dies alles sei nur Zeitverschwendung, denn der Kurs von 50 Dollar repräsentiere den aktuellen Wert der IBM-Aktie, und (b) die wichtige Frage sei, ob das Marktrisiko von IBM, gemessen an den früheren Kursschwankungen, im Vergleich zu den Kursschwankungen des Gesamtmarktes der Risikoaffinität eines Investors entspricht.

Die Philosophien des Value-Investings und des Wachstums-Investings überschneiden sich. Sie vertreten dieselbe Ansicht über das Wert-Kurs-Verhältnis. Allerdings betonen sie verschiedene Sichtweisen der Zukunft.

Value-Investing betont bekannte Werte und vergleicht sie mit dem Kurs. Wachstums-Investing betont die erwarteten Werte, die sich aus dem Wachstum ergeben, und vergleicht diese mit dem Kurs. In dieser Hinsicht ist Wachstums-Investing quasi ein »Vetter« des Value-Investings. Die jeweiligen Anhänger dieser Philosophien stimmen darin überein, dass es einem Aktienanalysten möglich ist, den Wert zu bestimmen und ihn dann mit dem Kurs zu vergleichen.

Das Index-Investing ist für Anleger geeignet, die das »Investieren« eigentlich nicht beherrschen oder es nicht beherrschen wollen. Es sind keine besonderen Fertigkeiten erforderlich, und man muss auch keine besonderen »Hausaufgaben« machen. Die Gewinne spiegeln die Gesamtperformance wider, nicht die Performance einzelner ausgewählter Aktien. Die Anhänger des Value-Investings oder des Wachstums-Investings sind der Überzeugung, dies sei die bevorzugte Methode für Anleger, denen die Fertigkeiten dafür fehlen oder die keine Zeit haben, eine saubere Analyse durchzuführen. Doch für Index-Investoren ist es sicherlich nicht uninteressant zu verstehen, wie die Value- und Growth-Investoren denken und agieren – durch Nachdenken erhält man Einblick und ein Grundverständnis für die treibenden Kräfte in den Märkten. (Auf diesen Punkt gehen wir im zwölften Kapitel näher ein.)

Value-Investoren betrachten das technische Trading als Spekulation und nicht als Kapitalanlage. Sie versuchen, die Trends in den Prognosen der Anleger zu antizipieren und Muster in früheren Kursentwicklungen zu erkennen, aus denen sie dann ihre Erwartungen ableiten. Eigentlich ist dies kaum eine Anlagephilosophie. Außerdem ist der zeitliche Anlagehorizont zu kurz, um eine echte Investition zu begründen. Dies widerstrebt einem rational ausgerichteten Analysten und wird in anhaltenden Marktaufschwüngen berauschend. In den 90er-Jahren erreichte dieser Rausch seinen Höhepunkt.

Eine Variante des technischen Tradings, das Momentum-Trading, war in den 90er-Jahren vorherrschend. Diese Faszination verstärkte sich, als die Kurse der spekulativsten Titel stiegen. Die Anleger, die nach diesem Muster vorgingen, nahmen irrtümlicherweise an, sie seien in der Aktienauswahl besonders geschickt. Viele prahlten, auch wenn sie nie darüber nachgedacht hatten, was das hinter einer solchen Aktie stehende Unternehmen eigentlich macht, ob es Geld verdient, und sie schauten sich niemals den Geschäftsbericht eines solchen Unternehmens an. In diesen fünf Jahren, als die Kurse der meisten Aktien stiegen, klopften sie sich unweigerlich lobend selbst auf die Schulter, auch wenn die Unternehmen, auf die sie setzten, auf recht wackeligen Beinen standen.

In diesem Zeitraum stiegen viele neue Anleger in die Börse ein, obwohl sie entweder nicht wussten, wie man einen Geschäftsbericht liest, oder überhaupt kein Grundwissen mitbrachten. Selbst erfahrene Anleger ließen sich vom weit verbreiteten Glauben an Gerüchte und Stimmungen mitreißen, anstatt Fakten und Daten zu analysieren. Unerfahrene Investoren hatten noch nie von Value-Investing gehört, und viele erfahrene Anleger glaubten, die so genannte New Economy lasse dies vorsintflutlich erscheinen. Die Geschichte ist voll von solchen Börsenphasen; die bekannteste datiert in den 20er-Jahren und kulminierte im »Großen Crash« von 1929.

Es war genau diese wirtschaftliche Katastrophe, die Benjamin Graham und David L. Dodd dazu brachte, die Philosophie des Value-Investings zu entwickeln. Die Atmosphäre in der Kapitalanlage der späten 20er-Jahre war durch Techniken des Portfolio-Managements gekennzeichnet, die durch Insiderinformationen und Eindrücke angetrieben wurden. Graham trug dazu bei, die Disziplin der Anleger zu verbessern, indem er einen intellektuellen Rahmen für eine Anlagephilosophie schuf. Sein Value-Investing-Ansatz ist in gewissem Maße subjektiv, doch für Anleger trotzdem ein hilfreiches Werkzeug.

Portfolio-Investing ist ein ehrgeiziger Versuch, einen intellektuellen Rahmen für die Kapitalanlage zur Verfügung zu stellen. Die wichtigste Hypothese lautet: Der Kurs entspricht dem Wert. Wenn diese so genannte Hypothese eines effizienten Marktes zuträfe, dann gäbe es keinen Raum für das Value-Investing. Es wäre unmöglich, hervorragende Anlageresultate zu erzielen, indem man Aktien kauft, deren Kurse ganz sicher unter dem intrinsischen Wert des entsprechenden Unternehmens, also dem Gegenwartswert der künftigen Cashflows, liegen.

In effizienten Märkten wird das Risiko eines Unternehmens durch die früheren Schwankungen des Kursverlaufs der entsprechenden Aktie in

Relation zum Risiko anderer Unternehmen dargestellt. Diese Schlüsselgröße des Portfolio-Investings wird von den Anhängern dieser Methode routinemäßig bestimmt; es ist als das »Beta« der Aktie bekannt. Anlageberater benutzen dieses Beta, um Anleger zu Investitionen zu raten, die ihrer Risikotoleranz entsprechen. (Weitere Einzelheiten finden Sie im siebten Kapitel.)

Die Portfolio-Theorie geht noch einen großen Schritt weiter. Sie behauptet, es sei möglich, mithilfe eines diversifizierten Aktienkorbs alle speziellen Risiken einer einzelnen Aktie zu eliminieren. Die Risiken einer Aktie würden durch die Gewinne der übrigen Aktien ausgeglichen. Das Portfolio-Investing ist also nichts anderes als die Analyse des Beta und die Zusammenstellung eines optimal diversifizierten Portfolios. Ganze Bände ausgefeilter mathematischer und ökonometrischer Studien haben diese Hilfsmittel bereits untersucht. Es gibt Hinweise, die diese Theorie stützen, aber auch solche, die ihre Gültigkeit anzweifeln.

Value-Investoren stehen der Theorie der Effizienz skeptisch gegenüber, also ihrer Behauptung, dass Wert und Kurs identisch seien, und der Vorstellung, dass das Beta ein geeignetes Maß für das Risiko ist. Die historische Performance vieler Value-Investoren liefert signifikante empirische Beweise für die Schwäche dieser Theorie. Es gibt zu viele erfolgreiche Value-Investoren, als dass sie von den Anhängern der Theorie des effizienten Marktes ignoriert werden könnten. Der Kurs zu vieler Aktien scheint über oder unter ihrem Wert zu liegen, als dass die Effizienz vollständig sein könnte. Auch wenn das Beta einige Risiken von Kursschwankungen messen können mag, so ist es dennoch kein Spiegelbild der Leistung des Unternehmens oder seines Wertes.

Börsenblasen sind keine Missgeschicke, sondern Symptome eines Geschäftsumfeldes, das durch schnelle technologische Innovationen und überbordende Begeisterung charakterisiert wird. Spiralen der Übertreibung verbreiten sich weiter und länger, als die Beobachter es verstehen können. Ganze Massen normaler Menschen glauben fälschlicherweise, dass sie die Wirtschaft und die Aktienmärkte verstehen. Selbst erfahrene Anleger gehen einem Geschäft nach, das sie gar nicht verstehen können.

Auch Baisse-Märkte sind keine Missgeschicke, sondern Symptome widerstreitender Kräfte – Anfänger ziehen sich zurück, und Experten zeigen Anzeichen unangemessener Angst. Der Rest fühlt sich schlechter, und diese Phase dauert länger als der anfängliche Spaß an der »Party«.

Value-Investoren glauben nicht, dass Aktienmärkte überhaupt, weder über lange noch über kurze Zeiträume hinweg, prognostiziert werden können. Was einigermaßen zuverlässig festgestellt werden kann, ist, langfristig gesehen, die wahrscheinliche Leistung des hinter der Aktie stehenden Unternehmens, begründet durch die Leistungen in der Vergangenheit und durch aktuelle Informationen. Value-Investoren analysieren diese Informationen, um das Verhältnis zwischen Wert und Kurs zu bestimmen.

simplified

2 Traditionen des Value-Investings

Value-Investing ist zum Teil eine innere Einstellung. Sie wird dadurch charakterisiert, dass der Kurs einer Aktie zum Wert des entsprechenden Unternehmens ins Verhältnis gesetzt wird. Grundlegende Prinzipien der Fundamentalanalyse sind die Hilfsmittel. Sie entstehen aus drei Traditionen.

Grahams Prinzip der Sicherheitsspanne ist die erste Tradition. Demnach ist es erforderlich, dass der Kurs einer Aktie deutlich unter ihrem angenommenen Wert liegt. Diese Prüfung macht eine umfassende Fundamentalanalyse erforderlich. Anfangs benutzen Value-Investoren einfache Filter, die den Bereich der Kandidaten so weit einengen, wie ein Investor es verstehen und bewerten kann (allgemein bekannt unter dem Begriff Kompetenzbereich).

John Burr Williams verfeinerte den zweiten Grundsatz der Tradition der Value-Investoren. Diese quantitative Tradition macht es erforderlich, dass der intrinsische Wert eines Unternehmens, gemessen am Gegenwartswert seiner wahrscheinlichen künftigen Cashflows, konservativ festgelegt wird, wobei aktuelle Daten verwendet werden. Dieses Prinzip umfasst die Erkenntnis, dass ein Dollar, den man heute in Händen hält, mehr wert ist als ein Dollar, den man in der Zukunft bezahlt. (Einzelheiten lesen Sie in den Kapiteln 5, 6 und 7.)

Philip A. Fisher steuerte die dritte Tradition des Value-Investing bei. Diese qualitative Tradition verlangt vom gewissenhaften Investor, ein Unternehmen zu finden, das starke langfristige Perspektiven aufweist. Diese werden in Eigenschaften sichtbar, die ein Unternehmensbild schaffen, etwa Verbraucherloyalität, einen extrem hohen Wiedererkennungswert des Markennamens und eine herausragende Marktposition. Ebenso relevant sind hervorragende Manager, bei denen man sich darauf verlassen kann, dass sie die Unternehmensgewinne an die Aktionäre des Unternehmens weiterleiten.

Warren E. Buffett ist der perfekte und bekannteste Investor, der diese drei Traditionen vereint. Buffett praktiziert eine gebündelte Methode des Value-Investing. Er nennt sie ganz einfach »Investieren« und betrachtet den Modifikator »Wert« als redundant. Andere Vertreter des Value-Investings gewichten die einzelnen Komponenten unterschiedlich und schaffen damit eine breite Front verschiedener Arten des Value-Investings. Allen jedoch ist gemeinsam, dass sie den Unterschied zwischen Kurs und Wert zu schätzen wissen.

Graham: der Vater des Value-Investings

Benjamin Grahams Buch *The Intelligent Investor* ist das klassische Werk über Value-Investing; Graham ist der wichtigste Architekt dieser Anlagephilosophie und ihr wichtigster Vertreter. Viele haben dieses Buch gelesen, das ursprünglich im Jahr 1949 erschien und mittlerweile in einer vierten, von Jason Zweig kommentierten Auflage auch in deutscher Sprache erhältlich ist (FinanzBuch Verlag, München 2005). Der wichtigste Gedanke dabei ist, sich gegen Irrtümer zu schützen, indem man einen Rahmen für eine langfristige Strategie und Aktienauswahl entwickelt.

Grahams Buch *Security Analysis*, das noch detaillierter vorgeht und das er zusammen mit David L. Dodd verfasste, erarbeitet eine tiefer gehende Architektur (die Anhänger des Value-Investings sehen in der zweiten Auflage, die im Jahr 1940 veröffentlicht wurde, die informativste Version). Die Betonung liegt hier auf den Bilanzen (Vermögen und Verbindlichkeiten), anhand derer der Wert eines Unternehmens bestimmt wird. Die aktuellen Ausgaben dieses Klassikers, die von anderen Autoren verfasst wurden, betonen ebenfalls die Analyse der Erfolgsrechnung (Erlöse und Aufwendungen), um den Wert eines Unternehmens zu ermitteln.

Im Mittelpunkt steht die Frage, ob diese Werke zeitlos klassisch oder schon überholt sind. Keine der extremen Positionen ist richtig: Beide sind zum Teil richtig. Die Kritiker beschweren sich, die ursprünglichen Versionen seien veraltet, weil sie die seinerzeit aktuellen Wirtschaftsbereiche wie Eisenbahnen, Versorgungsbetriebe und industrielle Fertigung hervorheben und Graham sich auf Bilanzen und Sachwerte konzentrierte. Die heutigen Unternehmen sind in einem höheren Maß von immateriellen Werten abhängig, und die Anleger konzentrieren sich stärker auf Barmittel, die von Sachwerten produziert werden, und nicht so sehr auf die Werte, die ihnen in den Bilanzen zugewiesen werden.

Es stimmt: Die Diktion der *Security Analysis* und des *Intelligent Investor* ist ein wenig altmodisch und vergleichsweise grob geschnitzt. Grahams Zeitgenossen waren in erster Linie Profis, die auch bereit waren, sich der Mühe zu unterziehen, schwierige Texte zu lesen. Die Anleger von heute sind anders, stammen aus den unterschiedlichsten Berufen und sind eine flottere Schreibweise gewohnt. Die heutige Informationsdichte und die kürzere Aufmerksamkeitsspanne erfordern eine raschere Gangart.

Das heutige wirtschaftliche Umfeld umfasst weiter gestreute Geschäftsfelder, von Musik aus dem Internet bis zu Arzneimitteln, was den Definitionsbereich der Geschäftsfelder erweitert, die Graham als Beispiele dienten. Die heutigen Geschäftsfelder bedienen eine größere Spannweite von Anlagenklassen und verschiedene Grade der Verlässlichkeit von materiellen gegenüber immateriellen Anlagegütern. Die Werte von Urheberrechten und Patenten sind oft größer als die traditioneller industrieller Vermögenswerte.

Dennoch haben Grahams Schlüsselprinzipien Bestand. Das grundlegende Prinzip bleibt die Sicherheitsspanne – einen Preis zu bezahlen, der weit genug unter dem Wert liegt, um größere Verluste am Kapitalmarkt zu vermeiden. Das wichtigste Ziel ist es, das Kapital zu erhalten. Wenn man zu viel bezahlt, geht man das Risiko ein, die Unwägbarkeiten der Börse und die Launen im Geschäft eines Unternehmens zu vergrößern. Dieses Prinzip ist verwandt mit dem vorrangigen Grundsatz der Medizin, in erster Linie nicht zu schaden (primum non nocere) – das heißt in erster Linie kein Geld zu verlieren.

Graham definierte Investitionen als ökonomische Positionen, die, nach einer vorausgegangenen Analyse, die Sicherheit des eingesetzten Kapitals versprechen und zusätzlich einen angemessenen Gewinn (mindestens in der Höhe der Inflationsrate). Alles andere ist Spekulation, so seine Überlegungen. Diese Philosophie steht im Gegensatz zur Spekulation, dient jedoch als Fundament für langfristig gute Geschäfte. Dazu ist es erforderlich, Unternehmen zu bewerten, ob nun Anheuser-Busch, Microsoft oder Zeneca. Die Prinzipien funktionieren grundsätzlich nicht kurzfristig, sondern können sich auch erst über Generationen hinweg auszahlen.

Für Investitionen legte Graham ein analytisches Muster mit zehn Punkten vor: zur einen Hälfte finanzielle Stärke, zur anderen Hälfte Risikoaspekte. Entscheidend auf der Seite der finanziellen Stärke waren ein hoher Quotient von kurzfristigem Umlaufvermögen zu kurzfristigen Verbindlichkeiten und der sparsame Gebrauch langfristiger Schulden im Vergleich zum Buchwert und zum Liquidationswert. (In Kapitel 4 werden diese Messwerte erläutert.) Um das Risiko zu mindern, begrenzte Graham umsichtig die Auswahl auf Unternehmen mit Gewinnen, gemessen an zumindest dem Doppelten hochwertiger Industrieanleihen, deren aktuelles Kurs-Gewinn-Verhältnis geringer ist als die Hälfte des höchsten gleichartigen Niveaus innerhalb der letzten fünf Jahre. (Näheres hierzu in Kapitel 6.)

Graham wusste, dass Glück oder Pech in der Kapitalanlage (und im Leben) eine große Rolle spielt. Er wusste aber auch, dass von Glück oder Pech nicht alles abhängen kann. Das Ziel ist, die Nachteile des Zufalls zu begrenzen. Heutige Übertreter dieses Prinzips sind das Daytrading, Momentum-Taktiken und der Versuch, den richtigen Zeitpunkt zum Kauf oder Verkauf von Aktien zu bestimmen. Alle Methoden, die mit einem hohen Risiko belastet sind, wollen Börsenbewegungen ausnutzen, ohne Kriterien zu setzen, die sich auf Werte beziehen. Die aktuellen Strategien, die die traditionelle Philosophie einschließen, sind solche, die langsam und sorgfältig eine überschaubare Anzahl von verständlichen Investitionen umfassen, aber auch das Dollar-Cost-Averaging (die Methode, regelmäßig einen festgelegten Betrag in ein bestimmtes Wertpapier zu investieren. Darauf gehen wir in Kapitel 12 näher ein.).

Graham teilte die Welt der Anleger in zwei breit angelegte Kategorien auf: defensiv und professionell. Für jeden jedoch ist die Minimierung der Verluste wichtiger als die Maximierung der Gewinne. Wenn die Verluste minimiert werden, erzeugen durchschnittliche Gewinne überdurchschnittliche Ergebnisse.

Fisher: der Pionier des Wachstumsdenkens

Graham konzentrierte sich auf die finanzielle Analyse von Unternehmen und schenkte der Qualität des Managements und dem wirtschaftlichen Umfeld wenig Beachtung. Fisher weitete die Fundamentalanalyse aus, indem er sich auf die qualitativen Aspekte konzentrierte. Das Management ist für Wachstumsunternehmen wichtig, und alle Unternehmen werden von ihrem Umfeld beeinflusst, wenn sie sich dem raschen Wandel in den Geschäftsfeldern und dem Innovationsdruck ausgesetzt sehen und ihr Risikomanagement sowie die Unternehmensstrategie entsprechend ausrichten müssen.

Fisher begrüßte derlei Strategien, etwa die Entwicklung eines Markennamens und einer neuartigen Produktverpackung, die Werte schaffen. Er hält viel vom Firmenwert und von der Fähigkeit, eine Eigenkapitalrendite zu erzielen, die höher ist als die des Branchendurchschnitts oder der unmittelbaren Konkurrenten. Diese Stärke kann in einer globalisierten Welt vervielfacht werden, wenn ein Markenname weltweit etabliert ist und als Ausgangspunkt für zusätzliche Produktlinien oder Erweiterungen genutzt werden kann. Beispiele dafür sind Unterhaltungskonzerne, die mehrsprachige Versionen eines Produktes in der Form von Druckerzeugnissen, Filmen, VHS, DVD und Internetformaten vermarkten.

Fisher grenzte die Anzahl der Kandidaten für Value-Investments ein, indem er betonte, dass sogar Unternehmen, die unter ihrem intrinsischen Wert gehandelt werden, lausige Investitionen sein können. Unternehmen können aus guten Gründen unter ihrem Wert gehandelt werden, etwa wegen eines schlechten Managements. Investitionen zu attraktiven Kursen können sich als mittelmäßig erweisen, wenn sie richtig bewertet werden.

In Fishers Ära resultiert Reichtum aus Investitionen entweder aus traditionellem Value-Investing – unterbewertete Wertpapiere kaufen und sie so lange halten, bis sie fair bewertet werden oder sogar über ihren eigentlichen Wert steigen, oder fair bewertete Unternehmen erwerben, deren Umsätze und Gewinne so schnell steigen (heute würden wir noch den Cashflow hinzufügen), dass sich die Gewinne aus diesem Wachstum speisen. Erstere Methode ist ein reines Value-Investing, das auf Graham zurückgeht. Die zweite Methode ist Fishers bahnbrechender Ansatz des Wachstums-Investments.

Fisher erstellte eine Checkliste mit 15 Punkten, an denen man ein Wachstumsunternehmen erkennen kann. Dazu gehört zum Beispiel die Frage, ob die potenziellen Märkte eines Unternehmens groß genug sind, dass sie mehrere Jahre Umsatzwachstums generieren. Denken Sie nur daran, wie sich eine Marktsättigung bei einem Automobilbauer und einem Hersteller von Autobatterien auswirkt. Im Zeitalter der Globalisierung ist die Expansion auf den Märkten bei global operierenden Unternehmen größer, wenn sie bestehende Produkte weltweit vertreiben und mit neuen Produkten aufwarten können, die auf regional unterschiedliche Geschmacksrichtungen und Bedürfnisse maßgeschneidert wurden.

Williams: die Rolle des Cashflow

Der Wert eines Unternehmens, einer Aktie oder eines Sachwertes besteht im Gegenwartswert der künftigen Cashflows. Williams beschäftigte sich eingehend mit dieser Fragestellung. Auf der Grundlage seiner Überlegungen entwickelte sich die so genannte DCF-Methode (DCF = discounted cash flow), also die Analyse des abgezinsten Cashflows, die heute zu den meistverwendeten Verfahren zur Bestimmung des Unternehmenswertes zählt. Die Beliebtheit dieses Ansatzes täuscht jedoch über einen wichtigen Aspekt hinweg: Die Werte sind einfacher zu erklären als zu messen. Die grundlegenden Instrumente für diese Art der Unternehmenswertbestimmung lieferten Graham und Fisher.

Wer die DCF-Analyse anwendet, erliegt häufig der Versuchung, Aktien entweder in Value-Aktien oder in Wachstumsaktien einzuteilen. Viele Profis, einschließlich den Fondsmanagern und ihren Mitarbeitern, versuchen, ihre Produkte von anderen durch eben diese Unterscheidung abzugrenzen. Doch in Wirklichkeit sind die Unterschiede sehr gering.

Wer ein Unternehmen bewerten will, muss die künftigen Leistungen prognostizieren und dieses Ergebnis auf den aktuellen Wert abzinsen (diskontieren). Man muss also abschätzen, ob das Unternehmen, das man bewertet, künftig wachsen oder schrumpfen wird. Deshalb ist der Faktor Wachstum – ob positives oder negatives Wachstum – ein unerlässlicher Bestandteil jeder Unternehmensbewertung. Dies stützt die Behauptung, dass der Begriff Value-Investing im Grunde genommen redundant ist: Investieren heißt, dass jemand einen Preis bezahlt, der niedriger ist als der Wert, den er dafür erhält. Spekulanten sind auch gewillt, einen höheren (nicht fairen) Preis für ein Finanzprodukt zu zahlen, da sie hoffen, jemanden zu finden, der es ihnen noch teurer abkauft.

Trotz dieser begrifflichen Verwirrung ist die Definition des Value-Investings recht klar: Man kauft Unternehmen mit einem niedrigen Kurs-Gewinn-Verhältnis, einem niedrigen Kurs-Buchwert-Verhältnis oder mit hohen Dividendenerträgen. Doch diese Kennzahlen allein reichen noch nicht aus für ein Value-Investment. Und sie müssen auch nicht unbedingt erfüllt sein: Eine Investition kann auch qualitative Werte, weiche Faktoren, aufweisen, die so hoch einzuschätzen sind, dass sie in das Portfolio eines Value-Investors Eingang finden.

Wachstum hat aber auch keine direkte Beziehung zum Wert. Wachsende Gewinne können wachsenden Wert bedeuten, aber sie können auch wachsende Ausgaben bedeuten, wobei die Ausgaben zuweilen schneller wachsen als die Erlöse. Wachstum erhöht den Wert nur dann, wenn der finanzielle Zuwachs höher ist als die Kosten des Wachstums. Ein Unternehmen, das einen Dollar reinvestiert, um ein Wachstum von 99 Cent zu erzielen, ist zwar ein Wachstumsunternehmen, aber nur ein suboptimales Investment.

Buffett: der Integrator

Warren Buffett führt all diese Punkte zusammen. Value-Investing ist bei ihm die Analyse von Unternehmen innerhalb des jeweiligen Kompetenzbereichs mit dem Ziel, diejenigen herauszufiltern, deren Gewinn auf zusätzlich eingesetztes Kapital im Vergleich zu den Kapitalkosten hoch ist, und mit dem Ziel, in diejenigen Unternehmen zu investieren, die man am billigsten kaufen kann. Tabelle 2.1 fasst die Schlüsselgrößen des Value-Investings und deren wichtigsten Beiträge zusammen.

Person	Rolle	Schlüsselpunkte	Publikationen
Graham	Vater des Value-Investings	Sicherheitsspanne; Konzentration auf die Bilanz; Zehn-Punkte-Checkliste	The Intelligent Investor; Security Analysis; The Interpretation of Financial Statements
Fisher	Rolle des Wachstums, qualitative Dimension	Gerücht; Konzentration auf Gewinne; 15-Punkte-Checkliste	Common Stocks and Uncommon Profits
Williams	Analyse des abgezinsten Cashflows	Konzentration auf Barmittel	The Theory of Investment Value
Buffett	Integration	Kompetenzbereich, Unternehmensanalyse	The Essays of Warren Buffett: Lessons for Corporate America (Zusammenstellung der jährlichen Briefe an die Aktionäre)

Tabelle 2.1 Die Architekten des Value-Investings

Variationen zu diesem Thema

Zum Thema Value-Investing gibt es viele Variationen, sodass jeder Anleger die für ihn passende Methode finden kann. Die führenden Value-Investoren wenden eine ganze Reihe von Investmentstilen an.

Fisher ist ein gutes Beispiel. Viele Anleger weichen von Graham, dem Vater des Value-Investings, ab, aber auch von Fisher, dem Vater des Wachstums-Investings. Doch weil Value-Investing und Growth-Investing miteinander verwandt sind, kann man Fisher durchaus als Vertreter einer Spielart des Value-Investings bezeichnen. Der Unterschied betrifft die Stilrichtung und den Schwerpunkt, aber nicht die grundsätzliche Ausrichtung.

Zu den Bestsellern der Schüler von Graham und Dodd zählt Warren Buffetts Essay *The Superinvestors of Graham-and-Doddsville*. Er stellt hier Value-Investoren vor, die verschiedene Stilrichtungen dieser Anlagephilosophie übernommen haben. Einige diversifizieren ihre Investitionen sehr breit, andere konzentrieren ihr Vermögen auf eine kleine Gruppe von Aktien. Die einen investieren nur, wenn sie vom Geschäft der Unternehmen, in die sie ihr Geld stecken, viel verstehen, die anderen investieren ohne derlei Kenntnisse.

Bruce Greenwald, Professor an der Columbia University Business School, veröffentlichte eine Reihe von Essays, in denen er das Thema der Superinvestoren, wie Buffett sie nannte, aktualisierte und weiter ausarbeitete. Er beschrieb zahlreiche Value-Investoren, um die feinen Unterschiede in deren Ansätzen hervorzuheben. Einige von ihnen verfeinern die Bewertungsmethoden, um Wert als das zu definieren, was informierte Anleger für einen Anteil an einem Unternehmen zahlen würden. Andere kombinieren diese Innovation mit eher traditionellen Größen, um die Anlagedisziplin zu verbessern. Wieder andere legen den Schwerpunkt auf Katalysatoren, beispielsweise Übernahmen oder Rekonstruktionen nach einem Konkurs, die aus unterbewerteten Unternehmen gute Anlageobjekte machen können.

Diejenigen Anleger, die sich eng an Grahams Richtlinien halten, könnte man als reine Value-Investoren bezeichnen, während Anleger, die andere Traditionen oder aktuelle Einflüsse stärker gewichten, sozusagen modifizierte Value-Investoren sind. Doch allen Unterschieden zum Trotz: Das verbindende Thema unter Value-Investoren ist, dass sie zwischen dem Aktienkurs und dem Unternehmenswert unterscheiden, an das Evangelium der Sicherheitsspanne glauben und überragende Anlageergebnisse erzielen.

Alle anderen

Value-Investing ist eine Herausforderung für Anleger, denn es ist schwierig, die Qualität eines Unternehmens zu bestimmen und dessen Wert einzuschätzen. Deshalb entscheiden sich viele Anleger für eine andere Variante des intelligenten Investierens: Sie kaufen Indexfonds. John C. Bogle, ein Experte für Indexanlagen, bemerkte, dass Value-Investing als Anlagephilosophie mit den besten Aussichten an zweiter Stelle stehe. Das trifft auf all jene Anleger zu, denen die für das Value-Investing erforderliche Disziplin fehlt. Für diejenigen indes, die sich im Value-Investing auskennen, gibt es keine bessere Methode.

Vergleichen Sie die Gewinne der beiden bedeutendsten amerikanischen Anlagemöglichkeiten der letzten Jahrzehnte: des Magellan-Fonds von

Peter Lynch, der für seine am Wachstum ausgerichtete Variation des Value-Investing berühmt wurde, und des S&P 500, der Bogles Anlageansatz des Index-Investings repräsentiert. Im Zeitraum von 1971 bis 2000 lief der Magellan in den meisten Jahren besser als der S&P, und das meistens mit deutlichem Abstand. In den wenigen Jahren, in denen der S&P besser abschnitt als der Magellan-Fonds, war der Abstand nur gering. Den Unterschied verdeutlicht *Abbildung 2.2*:

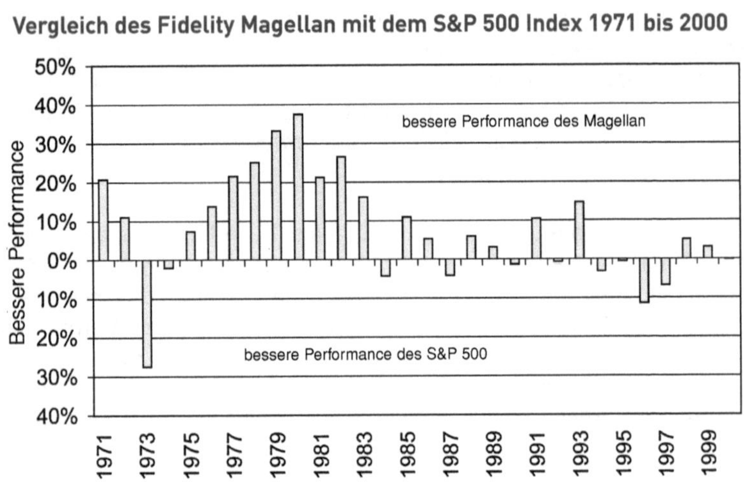

Quelle: Meir Statman & Jonathan Scheid, Buffett in Foresight and Hindsight (Santa Clara University Working Paper Nr. 00/01 – 37. Juni 2001)

Abbildung 2.2 Kapitalanlage in Wert oder in Indizes

Das Wissen, das man für das Value-Investing braucht, hält sich in Grenzen; man muss nicht unbedingt den IQ haben, den man benötigt, um Mitglied bei »Mensa«, dem weltweiten Zusammenschluss hochintelligenter Menschen, zu werden (der hierfür erforderliche IQ muss höher sein als 130). Allerdings sind ein gesunder Menschenverstand und ein gutes Urteilsvermögen erforderlich. Die Anwendung dieser Fähigkeiten wiederum ist abhängig von einem intellektuellen Rahmen, der einem Anleger hilft, emotionalen Versuchungen zu widerstehen. Anwender dieser Methode sollten diesen Rahmen so übernehmen und sich bewusst machen, dass er ihre speziellen Bedürfnisse erfüllt.

Value-Investing partizipiert an einer gewissen intellektuellen Neugier. Die Anhänger interessieren sich für neue Ideen und lesen Bücher über Unternehmensanalyse und über Kapitalanlage – eine wichtige Tätigkeit, wenn man bedenkt, dass kein einzelnes Buch (auch dieses Buch nicht) alles Erforderliche zu allen Themen liefern kann, Kapitalanlage eingeschlossen.

Einige besonders gute Value-Investoren schreiben gern über ihr Handwerk: Graham, Fisher und Williams verfassten Bücher, in denen sie erklären, wie sie an der Börse investieren, andere machen es wie Buffett und schreiben Briefe an Investoren, in denen sie ihre Philosophien darlegen.

Diese Lektüre erweitert die Perspektive des Anlegers. Zusätzlich zu den genannten Publikationen gibt es noch weitere gute Abhandlungen zum Value-Investing, beispielsweise von Robert G. Hagstrom, Janet C. Lowe, Timothy P. Vick und Martin J. Whitman.

Value-Investing ist eine Philosophie: Nähert man sich ihr mit der Methode der Logik, erkennt man, dass es sich dabei nicht um eine Ansammlung von Anlageinstrumenten handelt – die zweifelsohne wichtig sind –, sondern um eine Frage der Einstellung, eine intellektuelle Grundlage.

Value-Investoren sind Neuem gegenüber aufgeschlossen. Sie sind keine Techniker und betreiben auch kein Beratungsgeschäft. Sie wissen, wie man das richtige Hilfsmittel für eine bestimmte Aufgabe aussucht. Dieses Wissen setzt einen Sinn für Geschichte, Wirtschaft, Rechnungswesen voraus, ein gutes Urteilsvermögen und grundlegende psychologische Kenntnisse. Ferner wird ein spezielles Wissen benötigt, um bestimmte Geschäfte verstehen zu können – etwa versicherungsmathematische Kenntnisse für Unternehmen aus der Versicherungsbranche, das Wissen um Verbrauchervorlieben für Firmen, die im Modesektor angesiedelt sind, und eine Affinität zu Informationen, wenn man in Medienunternehmen investieren möchte.

simplified

3 Kompetenzbereiche

Zum Value-Investing gehört auch die Unternehmensanalyse. Dazu ist es erforderlich, dass man das operative Umfeld eines Unternehmens versteht. Dies gelingt nur, wenn sich der Anleger auf solche Unternehmen konzentriert, die er gut kennt, die sich also innerhalb seines Kompetenzbereichs bewegen. Zu den elementaren Grundsätzen des Value-Investings gehört es auch, dass man seinen individuellen Kompetenzbereich genau definiert und bei seinen Investitionsentscheidungen innerhalb dieser Grenzen bleibt.

Unternehmen

Value-Investoren prüfen, ob sie das Unternehmen, in das sie investieren wollen, im oben genannten Sinne verstehen. Dies ist der Fall, wenn sie mit den Produkten, den Kunden und dem operativen Klima dieses Unternehmens vertraut sind. Dabei kommt es natürlich auf die persönlichen Interessen und den individuellen Geschmack des einzelnen Anlegers an. Gute Karten hat, wer sich in der betreffenden Branche gut auskennt, weil er beispielsweise selbst dort arbeitet. Ein Value-Investor schaut sich zusätzlich auch die örtlichen oder regionalen Unternehmen an.

Value-Investoren entscheiden, ob sie ein Unternehmen verstehen, indem sie beurteilen, ob sie mit seinen Produkten vertraut sind, die Kunden kennen und auch das operative Klima. Die Kompetenz wird durch die Interessen und den Geschmack des Investors beeinflusst, und die Branche, in der man selbst tätig ist, stellt einen guten Ausgangspunkt dar. Die Konsumgewohnheiten der Menschen sind ein weiterer Ausgangspunkt. Ein dritter Ausgangspunkt sind die örtlichen oder regionalen Unternehmen.

Value-Investoren stellen sich selbst die folgenden Fragen: Welche Produkte verkauft ein Unternehmen, welche Dienstleistungen bietet es an? Wie werden diese genutzt? Brauchen die Kunden diese Güter oder Dienstleistungen? Wie stabil ist die Nachfrage, und wie gut ist das Unternehmen aufgestellt, damit es sich weiterentwickeln kann? Sind die Produkte eines Unternehmens im Vergleich zu möglichen Ersatzprodukten unverwechselbar? Wie wahrscheinlich ist es, dass dieses Unternehmen die Preise anheben kann, ohne Umsatz einzubüßen (das ist der wirtschaftliche Firmenwert, über den wir in Kapitel 6 sprechen werden)? Wer ist die Zielgruppe des Unternehmens? Ist das Unternehmen von einem oder von wenigen Kunden abhängig oder hat es Millionen von Kunden? Welche Bedeutung hat eine solche Abhängigkeit? Wie solide ist ein wichtiger Kunde in finanzieller Hinsicht? Wie verkauft das Unternehmen seine Produkte? Wie groß ist der geographische Einzugsbereich des Unternehmens? Wie empfindlich ist es für Wirtschaftsflauten in diesem Markt? Kann sich das Unternehmen schnell an veränderte wirtschaftliche und unternehmerische Bedingungen anpassen? Wie stark ist die Lieferantenkette des Unternehmens? Wie gut sind die Beziehungen zur Belegschaft? Operiert das Unternehmen in Regionen, die normalen oder außergewöhnlichen politischen oder ökonomischen Risiken ausgesetzt sind? Ist das Unternehmen ein Klassiker, ist es ein altes Unternehmen, oder ist es ein Neuling?

Des Weiteren beachten Value-Investoren relevante Unternehmensmuster: Produkte und ihre Markenstärke, Produktionsprozesse, die Herkunft und die Quellen der Zulieferungen, die Vertriebskette; Kundengewohnheiten, Kundengeschmack, Unternehmensorganisation und Unternehmenskonzeption. Sie fragen, wie ein Unternehmen mit den jüngsten Trends zurechtgekommen ist, etwa mit der Globalisierung, dem Aufkommen des Internets und dem Handel über das Internet oder der Entwicklung hin zu dienstleistungsorientierten Profitcentern mit geringem Anlagevermögen.

Die Bestimmung dieser Grundlagen löst zwei Probleme: Sie entscheidet, ob ein Unternehmen sich im Kompetenzbereich eines Investors befindet, und sie steht am Anfang der Entscheidung, ob es ein geeigneter Kandidat für eine Kapitalanlage ist. Für Anleger, die diese Informationen nicht auf die beschriebene Weise erlangen können, liegt das Unternehmen außerhalb des eigenen Kompetenzbereichs. Kommen sie an die Informationen heran, dann prüfen sie, welchen Einfluss diese Faktoren auf die Fähigkeit des Unternehmens haben, in Zukunft Gewinne zu erzielen.

Um diese Fragen zu beantworten, benötigen die Anleger Informationen, beispielsweise aus öffentlichen Bekanntmachungen und Nachrichten. Mithilfe dieser Informationen werden nun Unternehmensprofile erstellt. Fisher wandte beim Sammeln dieser Informationen die so genannte Gerüchte-Methode an: Er sprach mit jedem, der etwas über das Unternehmen wusste, angefangen bei den Lieferanten über die Mitarbeiter bis hin zu Kunden, anderen Branchenvertretern und Fachleuten.

Während professionelle Anleger die Zeit und auch den Einfluss haben, dies zu schaffen, sind die meisten Amateure unter den Investoren auf öffentliche Informationen angewiesen, deren Umfang sich alljährlich zu vervielfachen scheint. Während die Anhänger der Theorie des effizienten Marktes die Meinung vertreten, dass diese Informationen für die Anlageentscheidung nicht von Nutzen seien, ist es für Value-Investoren wesentlich, eine Unternehmensanalyse durchzuführen.

Überragende Ergebnisse fahren nur solche Unternehmen ein, die sich von ihren Wettbewerbern abheben. Nur sie schaffen es, eine überdurchschnittlich hohe Eigenkapitalrendite zu erzielen – die Gewinne, die auf die Aktionäre entfallen, sind höher als die Kosten, die entstünden, wenn zusätzliches Kapital aufgenommen würde. Auf diese Weise gelingt es ihnen, möglichen Konkurrenten den Markteintritt zu verwehren und die Gewinne, die es zu verdienen gibt, nicht mit anderen teilen zu müssen.

Beispiele sind gesetzliche Barrieren wie etwa Patente oder von Behörden zu vergebende Lizenzen. Auch Unternehmen mit starken Marken wie Coca-Cola oder Harley Davidson gehören dazu. Einige Value-Investoren halten diese Eigenschaften für die wichtigste Voraussetzung, nachhaltig eine hohe Eigenkapitalrendite und ein positives Gewinnwachstum zu erzielen.

Entscheidend für jede Bewertung eines Unternehmens ist seine Wettbewerbssituation. Zu den wichtigsten Bewertungsfaktoren zählen Kennzahlen wie Gewinnspanne und Kapitalkosten, ferner die Branchensituation, die Stärken und Schwächen sowie die Zukunftsaussichten des Unternehmens.

Die meisten dieser Faktoren sind in den offiziellen Jahresabschlüssen ersichtlich, die, wie an späterer Stelle gezeigt wird, den Rahmen für die Bewertung darstellen. Bevor dieses Instrumentarium zur Anwendung gelangt, muss sich der Value-Investor allerdings sicher sein, dass das ins Auge gefasste Investment innerhalb seines Kompetenzbereichs liegt.

Zur Frage des Kompetenzbereichs gehört auch jene nach der Qualität des Managements. Im Blickpunkt eines Value-Investors muss die Unternehmensführung stehen: Sie ist es, die die Mittel bereitstellt, mit denen die Ergebnisse des Unternehmens an die Aktionäre oder andere Interessengruppen weitergeleitet werden. Maßstäbe für die Messung der Managementqualität sind Best Practices, die Größe des Unternehmensvorstands und die Zusammensetzung des Beirats.

Doch so wichtig diese Maßstäbe auch sind, so sind doch die Manager das wichtigste Element in der Unternehmensführung. Value-Investoren suchen Unternehmen, die von fähigen und ehrlichen Managern geleitet werden. Selbst Aktionäre der wunderbarsten Unternehmen können von schlechten Managern in den Ruin geführt werden. Ein erfolgreiches Value-Investment braucht Manager, die sozusagen im gleichen Takt marschieren wie die Aktionäre. Das bedeutet: Neben den Hard Facts, also den unternehmerischen Kennzahlen, kommt es bei der Bestimmung des Unternehmenswerts auch auf die Soft Facts an, also darauf, wer das Unternehmen leitet, ob diese Personen dazu in der Lage sind und ob sie vertrauenswürdig sind. Lassen sich diese Faktoren nicht bestimmen, so liegt das betreffende Unternehmen außerhalb des rationalen Handlungsraums des Value-Investors.

Der Anteil des Rechnungswesens am Kompetenzbereich

Das Rechnungswesen ist für das Value-Investing äußerst wichtig: In einem Unternehmen, das eine ordentliche Rechnungslegung aufweist, ist das investierte Geld gut angelegt; in einer Firma, die ihre Bücher nicht ordentlich führt, ist es verschwendet. Value-Investoren sehen in der Rechnungslegung keinen Selbstzweck, sondern ein Instrument zur Übermittlung von Informationen.

Nehmen wir einen klassischen, anschaulichen Fall als Beispiel. Er betraf eine Entscheidung zur Dividendenverteilung, die der Aufsichtsrat zu treffen hatte. Das Unternehmen besaß Aktien eines anderen Unternehmens mit einer Besteuerungsgrundlage von 30 Millionen Dollar und einem aktuellen Marktwert von vier Millionen Dollar, und der Aufsichtsrat beschloss, sich aus diesem Investment zurückzuziehen. Es gab zwei Pläne, wie dies geschehen könnte:

Nach Plan A sollen die Aktien als Dividende verteilt werden. Das würde die Aktiva in der Bilanz verkürzen und das Grundkapital reduzieren. Die Aktionäre würden vier Millionen Dollar bekommen. Nach Plan B würden die Aktien verkauft, was die Einnahmen um 26 Millionen Dollar (in der Rechnungslegung und zu steuerlichen Zwecken) mindern und somit die Steuerschuld um etwa acht Millionen Dollar senken würde. Das Unternehmen würde in diesem Fall die Erträge von vier Millionen Dollar an die Aktionäre verteilen, die auch nach Plan A verteilt worden wären, und ebenfalls die acht Millionen Dollar Steuerersparnis.

Der Aufsichtsrat entschied sich für Plan A, obgleich Plan B wirtschaftlich vernünftiger aussah. Er tat dies, weil man der Meinung war, dass viele Marktteilnehmer den Erträgen mehr Aufmerksamkeit schenken würden als dem Wert der Anlagen; auf diese Weise wollte man vermeiden, dass die Börse den Aktienkurs bestrafen würde. Nachdem die Aktionäre dagegen geklagt hatten, stimmte ein Richter der Auffassung des Managements zu und ließ dem Urteil des Aufsichtsrats den Vortritt. Der Markt reagiert oftmals auf Bilanzkosmetik und nicht auf fundamentale Daten.

Dieses Marktverhalten führt häufig dazu, dass in den Unternehmen mehr Wert darauf gelegt wird, am Zahlenwerk zu feilen (hier wackelt der Schwanz mit dem Hund), als vernünftige geschäftliche Entscheidungen zu treffen. Enron Corp. ist ein Beispiel: Es hielt ein überlegenes Rechnungswesen für wichtiger (Maximierung der zu veröffentlichenden Einnahmen) als eine überlegene Wirtschaftlichkeit (Maximierung der Barmittel nach Steuern, die den Aktionären zufließen können). Enrons Strategie im Bereich des Risikomanagements folgte ausdrücklich dieser Einstellung, wobei »die Performance in der Rechnungslegung der wirtschaftlichen Performance vorgezogen wurde«. Die Richtlinie stellte fest:

Bei den veröffentlichten Gewinnen wurden die Regeln und Grundsätze der Rechnungslegung eingehalten. Die Ergebnisse sind Maßstäbe, die den zugrunde liegenden wirtschaftlichen Verhältnissen nicht immer entsprechen. Allerdings wird die Leistung der Unternehmensführung im Allgemeinen am Quartalsgewinn (laut Rechnungslegung) gemessen, nicht an der zugrunde liegenden Wirtschaftlichkeit. Die Strategien des Risikomanagements richten sich deshalb eher am Rechnungswesen als an der wirtschaftlichen Leistung aus.

Dies stellt die Welt auf den Kopf und straft die Aussage Lügen, dass das Rechnungswesen ein Hilfsmittel ist und nicht Selbstzweck. Es ist ein Instrument zur Darstellung der Realität und ein Vehikel, sie zu erfassen. Es ist nicht die Realität selbst. Die Bilder, die es erzeugt, sind wie Gemälde, die aus mehreren Perspektiven zusammengesetzt und analysiert werden können. Doch ebenso wie Künstler und Kritiker ein ganzes System von Komposition und handwerklicher Ausführung entwickeln, so muss die Reduzierung der komplexen Realität auf einfache Tabellen von Ermessen und Vertrauen bestimmt sein. Deshalb sind Kenntnisse des Rechnungswesens und der Unternehmensführung ein Teil des Kompetenzbereichs eines Value-Investors (siehe *Abbildung 3.1*).

Es gibt einen Witz von einem Manager, der seinen Buchhalter fragt: »Wie viel ist 2 + 2?« Der Buchhalter antwortet: »Wie viel soll es denn sein?« Es ist weniger nützlich zu wissen, dass der Manager und der Buchhalter sagen, das Resultat ihrer mathematischen Leibesübungen sei 3, 4 oder 5, als zu wissen, welche Regeln sie angewandt haben, um zu ihrer Antwort zu gelangen.

Obwohl sie komplexer sind, tauchen Probleme wie diese immer wieder auf, wenn es um finanzielle Dinge geht. Beispiele hierfür sind, wann man einen Verkauf als abgeschlossen bezeichnet, wie hoch die Wahrscheinlichkeit ist, dass einige Kunden ihre Rechnungen für gelieferte Ware nicht bezahlen, und wie finanzielle Absicherungstransaktionen quantifiziert werden sollen. Diese Entscheidungen können zu Gunsten oder zu Lasten der Anleger ausfallen, und Value-Investoren wissen, wie sie in den Unternehmen, in die sie investieren wollen, in der Regel ausfallen werden. (In den Kapiteln 9 bis 11 finden Sie weitere Beispiele.)

Das meine ich damit, wenn ich sage, man solle ein wenig über das Rechnungswesen wissen. Vereidigte Buchprüfer kennen als Meister ihres

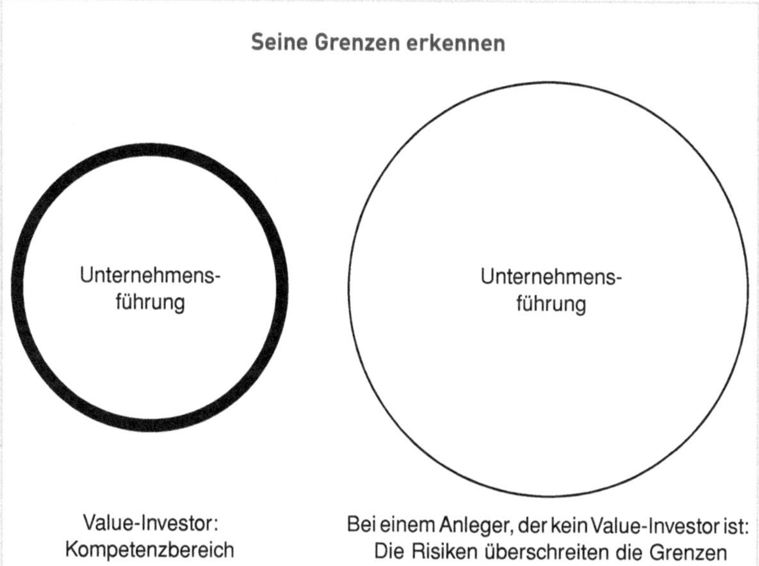

Abbildung 3.1 Value-Investoren begrenzen ihre Auswahl auf solche Geschäfte, die sie verstehen, weil sie die Strukturen der Unternehmensführung und die Qualität des Managements leicht erfassen können und weil sie die Grundlagen des Rechnungswesens kennen. Das daraus hervorgehende Universum an Unternehmen kann im Vergleich zu dem des Anlegers, der nicht die Philosophie des Value-Investings vertritt, relativ klein sein. Doch sind die Grenzen klar und deutlich. Mit anderen Worten: Die Größe des Kompetenzbereichs ist nicht sehr wichtig; wichtig ist vielmehr, dass man die Grenzen kennt.

Fachs alles über die Rechnungslegung. Anleger, die sich in dieser Sache ebenfalls auskennen, könnten in dieser Hinsicht einen Vorteil haben. Doch ist das nicht entscheidend. Value-Investoren verfügen über ein Minimum an Kenntnissen und Erfahrungen im Rechnungswesen, ohne es darin zur Meisterschaft gebracht zu haben.

Erforderlich ist eine Vertrautheit mit dem grundsätzlichen Bild: Geschäftsberichte und deren Beziehungen zueinander, wichtige Kategorien der Buchungskonten, die in diesen Berichten auftauchen, die Quellen der Buchhaltung sowie der Ermessens- und Beurteilungsspielraum, den die Regeln im Rechnungswesen erlauben und erfordern (und die daraus resultierende Versuchung, dass Manager die Zahlen manipulieren). Dies kann man sich in einem Grundkurs für Buchhaltung aneignen.

Während das Rechnungswesen das Aufzeichnen, das Messen und das Sammeln der Daten betrifft, geht es bei der Beurteilung dieser Daten darum zu klassifizieren, wie und wann diese Finanztransaktionen stattgefunden haben. Auf jeder Ebene gibt es Wahlmöglichkeiten. Damit die daraus entstehenden Berichte für Anleger an Aussagekraft gewinnen, versuchen die Buchhalter zu beantworten, wie verschiedene Ereignisse zu bewerten sind.

Auf diese Weise werden das Zahlenmaterial, vielleicht auch einige Gesamtergebnisse, zu einer verlässlichen Grundlage für das Verständnis, wie gut oder wie schlecht es einem Unternehmen im Vergleich zu früheren Zeiträumen oder zu Konkurrenten geht. Dies erreicht man, indem man einheitliche Grundsätze verwendet, die so gestaltet sind, dass die fast unendliche Vielfalt der Transaktionen im Rechnungswesen erfasst wird, und diese veröffentlicht.

Diese Grundsätze sind in Richtlinien zum Rechnungswesen zusammengefasst, den allgemein akzeptierten Grundsätzen der Rechnungslegung (GAAP = Generally Accepted Accounting Principles). Diese werden aus vielen Quellen gespeist. In den USA sind die wichtigsten die Vereinbarungen zwischen den führenden Wirtschaftsprüfern, dem Financial Accounting Standards Board (FASB).

Viele Erlasse zum Rechnungswesen resultieren aus Meinungsverschiedenheiten, Verhandlungen, Kontroversen und Kompromissen. Die GAAP sind das Ergebnis der Entscheidungen, die das FASB trifft. Die Wahlmöglichkeiten sind keine Folge wissenschaftlicher Prozesse, die Beweiskraft haben. GAAP sind als Übereinkünfte zu verstehen, um Vergleiche der Geschäftsberichte von verschiedenen Unternehmen und zu verschiedenen Zeiten zu erleichtern.

In Wirklichkeit kann es mehr als nur einen »richtigen« Weg geben, ein finanzielles Ereignis darzustellen. In vielen Fällen hat sich die FASB entschieden, mehrere Varianten zuzulassen, wie man mit einer solchen Angelegenheit umgeht – jedoch nur so lange, wie der gewählte Weg den GAAP entspricht und als Teil des Geschäftsberichts vollständig veröffentlicht wird.

Diejenigen, die die Standards des Rechnungswesens festlegen, werden durch eine Reihe von Zielen geleitet, die sowohl der Finanzbuchhaltung als auch dem Berichtswesen gerecht zu werden versuchen. Dazu gehören so grundlegende Ziele wie die Bereitstellung von Informationen für Außenstehende, insbesondere Kapitalanleger, Informationen, die sich auf das Vermögen beziehen, auf Verbindlichkeiten und Eigenkapital und die Veränderungen innerhalb dieser Positionen im Verlauf der Zeit.

Daraus entstand ein ausgefeiltes System, das versucht, komplexe Entscheidungen zu vereinfachen, indem riesige Mengen von Zahlen und Transaktionen in einem einzigen Geschäftsbericht zusammengefasst werden. Die GAAP nehmen oft Positionen ein, die dem normalen Gefühl widersprechen. Dennoch haben sie ihre eigene Logik, die in diesen grundsätzlichen Vorstellungen und Prinzipien verwurzelt sind. Value-Investoren sind mit diesem heuristischen Denken weitgehend vertraut.

Die Komplexität des Rechnungswesens nimmt mit der Komplexität des Geschäfts zu. Value-Investoren begrenzen die Auswahl ihrer Kapitalanlagen auf Geschäftszweige, die sie verstehen und deren Rechnungswesen sie nachvollziehen können. Außerdem schätzen sie die Charakteristika der Abläufe im Rechnungswesen. Es ist weder notwendig noch möglich, den ganzen Bereich der Aufgaben des Rechnungswesens aufzuzählen, wenn es die wirtschaftliche Realität zu brauchbaren Finanzberichten verdichtet. Beispiele in späteren Kapiteln werden Ihnen einen kleinen Vorgeschmack hierzu vermitteln.

4 Finanzanalyse

Die Bilanz ist eine Aufzeichnung historischer Fakten, die es dem Betrachter erlaubt, einen Blick in die Zukunft zu werfen. Die Gewinn- und Verlustrechnung (GuV) ist ein Abbild der vergangenen Leistung. Es wäre ein Fehler, eine von beiden nicht zu beachten. Die wichtigste Maßzahl für die frühere Unternehmensleistung ist die Eigenkapitalrendite, gemessen als Gewinn, dividiert durch den Buchwert – ein Posten der GuV, der durch einen Eintrag in die Bilanz dividiert wird. Er ist wichtig, weil er die erzielten Ergebnisse für Aktionäre auf das investierte Kapital misst.

Weil der endgültige Wert in den früheren Cashflows liegt, ist ein dritter Bericht notwendig: die so genannte Kapitalflussrechnung. Der große Vorteil der Kapitalflussrechnung, also des Cashflow-Berichts, liegt darin, dass sie Ermessensfragen, die in die Vorbereitung der GuV und der Bilanz eingehen, rückgängig macht. Insgesamt geben diese drei Berichte, wenn sie ordentlich vorbereitet und von einer erläuternden Anlage begleitet sind, ein vollständiges Bild der Geschäfts- und Finanzlage eines Unternehmens.

Graham bevorzugte bei der Unternehmensanalyse die Bilanz als erstes Informationsinstrument, ergänzt vom Geschäftsbericht. Beide sind ausschlaggebend. Seit Grahams Zeiten jedoch wurde die Kapitalflussrechnung, also der Cashflow-Bericht, zu einem hohen Reifegrad entwickelt und dient jetzt als nützliche zusätzliche Quelle von Informationen.

Value-Investing heißt, die Finanzlage des Unternehmens zu analysieren. Berechnungen und Interpretationen der finanziellen Verhältnisse helfen dabei: Sie konzentrieren sich auf die Beurteilung der finanziellen Stärke und der Risiken eines Unternehmens.

Beginnen wir mit der Bilanz: Ist ein Unternehmen in der Lage, die Verbindlichkeiten zu begleichen, wenn sie fällig sind? Die Antwort darauf findet man im Verhältnis der flüssigen Aktiva zu den laufenden Verbindlichkeiten (Liquidität dritten Grades) und in der Liquidität zweiten Grades.

Die Liquidität dritten Grades ist die Beziehung zwischen den flüssigen Aktiva (Umlaufvermögen, also Barmitteln und offenen Posten, die innerhalb eines Jahres zu Barmitteln werden, etwa Lagerbestände und offene Forderungen) und den laufenden Verbindlichkeiten (Verpflichtungen, die innerhalb eines Jahres fällig werden, etwa kurzfristige Anleihen). Siehe dazu *Abbildung 4.1*. Hinsichtlich der Liquidität dritten Grades galt Graham als »Hardliner«, denn er bestand auf einem Verhältnis von mindestens 2 zu 1 als einer Größe zur Messung der finanziellen Stärke.

$$\frac{\text{Umlaufvermögen}}{\text{kurzfristige Verbindlichkeiten}}$$

Abbildung 4.1 Liquidität dritter Ordnung

Die meisten Value-Investoren erkennen heute, dass die optimalen Ebenen zwischen den verschiedenen Geschäftsarten variieren und dass für die meisten Geschäfte ein Verhältnis zwischen 1 und 2 ideal ist. Eine Liquidität dritten Grades unter 1 signalisiert Liquiditätsprobleme; ein Verhältnis von über 2 deutet auf mangelnde Effizienz hin – der Lagerbestand sollte häufiger umgeschlagen werden, oder die offenen Ausgangsrechnungen sollten schneller beglichen werden, oder es sollten Barmittel reinvestiert oder verteilt werden.

Die Liquidität zweiten Grades eliminiert weniger liquide Teile des Umlaufvermögens aus der Rechnung und konzentriert sich stärker auf die Liquidität – die Fähigkeit, sofort aufkommende Verpflichtungen zu erfüllen *(siehe Abbildung 4.2)*.

Dieses Verhältnis der Schulden zum Eigenkapital erfasst die Kapitalstruktur. Es misst den Verschuldungsgrad eines Unternehmens – wie viele Dollars in langfristigen Forderungen existieren im Vergleich zu den verbleibenden Ansprüchen der Aktionäre *(siehe Abbildung 4.3)*. Der Verschuldungskoeffizient ist wertvoll, aber nur bis zu einem gewissen Ausmaß. So ist ein Verhältnis der Schulden (Fremdmittel) zum Eigenkapital von 2 oder 3 wünschenswert. Allerdings ist ein Verhältnis von 8, 9 oder 10 gefährlich, insbesondere, wenn das operative Geschäft nicht in der Lage ist, kurzfristig ausreichend Zahlungsmittel zu produzieren, um damit regelmäßige vereinbarte Zahlungen zu leisten. Die optimalen Werte variieren mit der relativen finanziellen Stärke. Und wiederum war es Graham, der eine strenge Linie zog: Er sonderte Unternehmen aus, die einen Verschuldungsgrad hatten, der in seiner Zeit eigentlich als bescheiden galt.

Um die optimale Kapitalstruktur zu überprüfen, ziehen Value-Investoren auch die Deckungsquote eines Unternehmens heran. Diese Kennzahl vergleicht die Nettoeinnahmen mit den Zinsverpflichtungen auf Fremdkapital *(siehe Abbildung 4.4)*. Die Deckung sollte ein Vielfaches der Verpflichtungen aufweisen.

Fisher betonte qualitative Aspekte wie die Effektivität des Managements und einige indirekte quantitative Größen, um seine Feststellungen zu treffen. Überprüft wurden der Lagerumschlag und der Umschlag der offenen Ausgangsrechnungen, ebenso wie die Höhe der Gewinnspanne.

Der Lagerumschlag wird bestimmt, indem man die Beziehung zwischen den Kosten des Lagerbestands, der im Verlauf eines bestimmten Zeitraums verkauft wurde (Herstellungskosten verkaufter Ware), und dem durchschnittlichen Lagerbestand während dieses Zeitraums betrachtet *(siehe Abbildung 4.5)*. Ein schnell umgeschlagener Lagerbestand ist ein Zeichen für die Effektivität des Managements. Der Lagerbestand ist ein Kostenpunkt; unproduktiver Lagerbestand erhöht die Kosten, während ein schneller Lagerumschlag die Kosten mindert.

Aber auch der Lagerumschlag variiert in den verschiedenen Branchen, wobei beispielsweise in der Milchwirtschaft das Lager wesentlich schneller umgeschlagen wird als bei Flugzeugherstellern. Es geht darum, wie man die Unternehmen innerhalb einer Branche vergleicht.

$$\frac{\text{Zahlungsmittel} + \text{offene Ausgangsrechnungen}}{\text{laufende Verbindlichkeiten}}$$

Abbildung 4.2 Liquidität zweiten Grades

$$\frac{\text{Gesamtschulden}}{\text{Eigenkapital}}$$

Abbildung 4.3 Verschuldungskoeffizient

$$\frac{\text{Nettoeinnahmen}}{\text{Kapitalkosten}}$$

Abbildung 4.4 Deckungsquote

$$\frac{\text{Herstellungskosten der verkauften Güter}}{\text{durchschnittlicher Lagerbestand}}$$

Abbildung 4.5 Verhältnis des Lagerumschlags

$$\frac{\text{Verkäufe auf Kredit}}{\text{durchschnittlicher Höhe der offenen Ausgangsrechnungen}}$$

Abbildung 4.6 Umschlag der offenen Ausgangsrechnungen

Eine schnelle Begleichung der offenen Ausgangsrechnungen ist ein Zeichen für ein gutes Management. Lässt man zu, dass die Kunden die Begleichung ihrer Schulden hinauszögern, dann bedeutet das, dass man seine Kunden bezahlt – ein Kostenfaktor für das Unternehmen, der nicht erstattet wird (*siehe Abbildung 4.6*).

Das Tempo des Umschlags wird bestimmt, indem man diese Zahl durch 365 dividiert. Dies zeigt die durchschnittliche Anzahl von Tagen, die Ausgangsrechnungen während eines Jahres nicht bezahlt werden. Der Vergleich dieser Zahl mit den Kreditbedingungen des Unternehmens und denen der Mitbewerber zeigt die Fähigkeiten des Managements.

Der Schlüssel zur Effizienz eines Unternehmens ist der Gewinn je Dollar Umsatz, also die Gewinnspanne. Um diese zu berechnen, dividieren Sie die operativen Einnahmen durch die gesamten Nettoverkäufe (das ist der Umsatz nach Gewinn, Rabatten und so weiter) und drücken das Ergebnis als Prozentsatz aus. (Zwei Alternativen zu dieser Standardermittlung der Gewinnspanne werden ebenfalls oft genutzt - eine allgemeinere, die die Bruttogewinnspanne berechnet dividiert durch den Bruttogewinn aus dem Umsatz, und eine speziellere, die Nettogewinnspanne, die die Nettoeinnahmen durch den gesamten Nettoumsatz dividiert.)

In den verschiedenen Branchen gibt es enorme Variationen der Gewinnspanne. Die durchschnittlichen Gewinnspannen in der Automobilindustrie und in der Bankenbranche sind beispielsweise weitaus kleiner (oft weniger als zehn Prozent) als in der Computerbranche, bei Arzneimittelherstellern oder in der Lebensmittelbranche (im Fall von Microsoft liegt die Gewinnspanne bei 40 Prozent).

Die Gewinnspannen zeigen an, ob ein Unternehmen besondere Eigenschaften hat, die diese Firma auszeichnen. Höhere Spannen bedeuten, dass ein Unternehmen Preise erhöhen kann, ohne an Absatz zu verlieren. Diese Kraft der Preisgestaltung zeigt, dass ein Unternehmen eine besonders positive Eigenschaft aufweist. Barrieren, die ein solches Unternehmen schützen, könnten ein überragendes Vertriebssystem, ein besonderer Wiedererkennungswert des Markennamens, die Einzigartigkeit des Produkts oder andere Eigenschaften sein, die von besonderem Wert (für den Konsumenten) sind.

Die Gewinne sind der entscheidende Punkt, auf den Value-Investoren achten: Welche Gewinne wurden aus dem Eigenkapital erzielt, welche aus dem Vermögen und Investitionen, die dem Management zur Verfügung stehen? Am wichtigsten - und einer der wichtigsten Maßstäbe für das Value-Investing - ist die Eigenkapitalrendite. Wie wir in späteren Kapiteln noch sehen werden, zeigt diese Größe wichtige Hinweise auf, ob ein Unternehmen einen Firmenwert hat und ob das Unternehmenswachstum die Gewinne erhöht.

Die Eigenkapitalrendite (ROE = return on equity) ist der Betrag, den das Unternehmen aus dem Kapital der Aktionäre verdient. Das Kapital der

Aktionäre ist gleich dem Gesamtvermögen, abzüglich der gesamten Verbindlichkeiten, siehe *Abbildung 4.7*. Wenn ein Unternehmen 10 Millionen $ aus einem Anlagekapital der Aktionäre in der Höhe von 100 Millionen $ verdient, dann liegt die Eigenkapitalrendite (ROE) bei 10 Prozent.

$$\frac{\text{Nettoeinnahmen}}{\text{durchschnittliches Eigenkapital}}$$

Abbildung 4.7 Eigenkapitalrendite (ROE)

Die Kapitalrendite ist der Betrag, den ein Unternehmen unter Einsatz des Kapitals der Aktionäre und des Kapitals, das von anderen Gläubigern langfristig (über ein Jahr lang) zur Verfügung gestellt wird, erwirtschaftet, siehe *Abbildung 4.8*. Ein Unternehmen könnte Geld leihen anstatt Aktien auszugeben, wenn das Management der Überzeugung ist, dass das Unternehmen aus diesem Kapital höhere Gewinne erwirtschaften wird als die Kapitalkosten.

$$\frac{\text{Nettoeinnahmen}}{\text{durchschnittliches Eigenkapital + langfristige Verbindlichkeiten}}$$

Abbildung 4.8 Kapitalrendite (ROI = return on investment)

Nehmen wir an, ein Unternehmen mit einem Aktienkapital von 100 Millionen $ nimmt einen langfristigen Kredit über 50 Millionen $ auf und erwirtschaftet einen Gewinn von 15 Millionen $ aus dem Gesamtkapital. Der ROI wäre dann 10 Prozent (15/150). Doch diese Fremdkapitalaufnahme treibt den ROE (Gewinn auf das Eigenkapital) - ein Gewinn von 15 Millionen $ auf das Kapital der Aktionäre in Höhe von 100 Millionen $ - auf 15 Prozent.

Schulden zu machen, um den ROE nach oben zu treiben, ist nicht ungewöhnlich, doch keinesfalls dringend notwendig. Einige Unternehmen erwirtschaften im operativen Bereich so viel Bares, dass sie einen hohen ROE günstiger erzielen als durch Fremdkapitalaufnahme. Solche sind für Value-Investoren besonders attraktiv, weil sich daraus besonders gute Eigenschaften der Firma und ein relativ geringes Geschäftsrisiko ableiten lassen.

Die Gesamtkapitalrendite (ROA = return on assets) ist der Betrag, den ein Unternehmen mit all seinen Möglichkeiten erwirtschaftet - nicht nur mit dem Aktienkapital und den langfristigen Schulden, sondern auch mit Mitteln aus kurzfristigen Quellen, die durch ein effektives Management des Umlaufvermögens erschlossen werden, siehe *Abbildung 4.9*. Ein Unternehmen könnte nach kurzfristigen Darlehen mit geringen Zinssätzen suchen oder Waren mit längeren Zahlungsfristen einkaufen, die es dann nur gegen Barzahlung weiter verkauft, wodurch Mittel frei werden, die ohne oder nur zu geringen Kosten eingesetzt werden. Solche Aktiva tragen zur schrittweisen Erhöhung der Gewinne bei, wodurch sowohl der ROE als auch der ROI gesteigert werden.

$$\frac{\text{Nettoeinnahmen}}{\text{durchschnittliches Vermögen}}$$

Abbildung 4.9 Gewinn aus dem Gesamtkapital (ROA = return on assets)

Nehmen wir an, ein Unternehmen hat während eines Jahres 20 Millionen $ durchschnittliches Vermögen (indem ständig Verpflichtungen bei Fälligkeit bezahlt werden und neue Verpflichtungen eingegangen werden). Dadurch könnten die schrittweisen Gewinnerhöhungen etwa 2 Millionen $ jährlich betragen. Auf diese Weise erwirtschaftet ein Unternehmen mit einem Aktienkapital von 100 Millionen $, langfristigen Verbindlichkeiten in der Höhe von 50 Millionen $, zusätzlich 20 Millionen $ kurzfristigen Verbindlichkeiten und einem Gewinn von 17 Millionen $ einen ROA von 10 Prozent (17/170). Diese Verwendung erhöht den ROI auf 11,3 Prozent (17/150) und den ROE auf 17 Prozent (17/100).

Der ROA ist die härteste Messlatte für die Performance auf der Basis der Gewinne, weil er die Ergebnisse des Einsatzes aller möglichen Quellen reflektiert, die dem Management zur Verfügung stehen. Beginnend mit einem hohen ROA sollte auch ein hoher ROI, also eine hohe Rendite auf das von Anlegern eingesetzte Kapital, erzielt werden. (Manche Analysten berechnen einen »Verschuldungsindex«, indem sie den ROE durch den ROA dividieren.) Höhere Gewinne auf das eingesetzte Kapital werden erzielt, indem man die Gewinne aus weniger oder kleineren Vermögensgrundlagen erwirtschaftet.

Einige Value-Investoren verwenden eine komplexe Formel, um den ROE zu messen. Eine Methode berechnet ihn als das Produkt von Gewinn, Produktion und Kapitalstruktur. Sie multipliziert (a) die Gewinne als Prozentsatz des Umsatzes mit (b) dem Umsatz in Prozent des Vermögens und mit (c) dem Vermögen als Prozentsatz des Aktienkapitals. Sinn und Zweck dieser Formel ist es, die Antriebskräfte des ROE zu verdeutlichen: Weitere Gewinnspannen führen zu höheren ROAs, und dies wiederum führt zu höheren ROEs. Diese Antriebskräfte sind es der Mühe wert, direkt untersucht zu werden.

Damit das Bild der finanziellen Leistung eines Unternehmens vervollständigt wird, müssen auch noch die Gewinn- und Verlustrechnung (GuV) und die Daten zum Cashflow verglichen werden. Ein gutes Beispiel ist die Qualität der Einnahmen. Sie misst die Cashflows, die durch Einnahmen aus dem operativen Geschäft erzeugt werden, dividiert durch die operativen Einnahmen. So wird ersichtlich, welcher Anteil der Einnahmen in Bargeld zur Verfügung steht.

Eine ebenso nützliche Verbindung vergleicht die jährlichen Abschreibungskosten mit dem Investitionsaufwand. Die Abschreibungskosten sind ein buchhalterisches Konzept, das so gestaltet wurde, dass es die ursprünglichen Kosten eines Anlagegutes mit seiner Fähigkeit, künftig Erlöse zu erwirtschaften, in Einklang bringt. Das Ergebnis ist eine Ausgabe, die jedoch keine Barmittel verschlingt. Manche Analysten begehen den Fehler zu unterstellen, dass derartige Ausgaben ignoriert werden können. Doch Abschreibungskosten sind ein nützliches Mittel, um künftige erforderliche Kapitalinvestitionen einschätzen zu können, die den Einsatz von Barmitteln notwendig machen. Also erfordert ein vollständiges Bild des Zustandes eines Unternehmens, dass Abschreibungskosten zum künftigen Kapitalbedarf in Relation gesetzt werden. (Mehr dazu lesen Sie in Kapitel 6.)

Value-Investoren bewerten Geschäftsberichte über einen Zeitraum von mehreren Jahren hinweg. Graham warf bei vielen Analysen am liebsten einen Blick auf die vergangenen zehn Jahre oder noch weiter zurück. Allerdings ist es empfehlenswert, sich mindestens die zurückliegenden fünf Jahre anzusehen. Die Überprüfung sollte berücksichtigen, wie sich verschiedene Maßstäbe während dieser dennoch langen Zeit verändert haben. Dies zeigt die langfristigen Stärken und Schwächen eines Unternehmens genauer auf.

Über kürzere Zeiträume können wirtschaftlicher Wankelmut und Genialität des Managements Daten im Rechnungswesen produzieren, die die langfristig Realität verbergen. Es gibt keine Sicherheit dafür, dass die Performance des Vorjahres wiederholt werden kann, aber auch nicht dafür, dass dies mit irgendeinem vorherigen Zeitraum gelingt. Doch je weiter man zurückblicken kann, umso zuverlässiger werden die Daten, anhand derer man auf die Zukunft des Unternehmens schließen möchte.

simplified

5 Grundregeln des Zinseszins

Value-Investoren wissen die Kraft des Zinseszins bei der Erzielung hoher Gewinne über lange Zeit hinweg zu schätzen. *Tabelle 5.1* zeigt die Grundlagen (die Zahlen sind gerundet). Sie zeigt den künftigen Wert von 1.000 Dollar, wenn man verschiedene Annahmen zu Gewinnen und Zeiträumen unterstellt.

Allein der Zeithorizont verdient Beachtung. Bei jeder unterstellten Rendite vervielfachen sich die Summen mit der Zeit »geometrisch«. Sehen Sie einmal in die erste Reihe, die eine Verzinsung von fünf Dollar ausweist. Sie zeigt das Wachstum von 1.000 Dollar bis auf 7.000 Dollar in einem Zeitraum von 40 Jahren, schätzungsweise der Zeitraum, in dem man in einem Leben investiert. Das ist nicht banal. Die Summe verdoppelt sich in etwa zehn Jahren, und innerhalb von 20 Jahren verdreifacht sie sich fast.

Je höher die jährliche Rendite ausfällt, desto stärker kommt der Zinseszinseffekt zum Tragen. In jedem Zeitraum vervielfachen sich die Beträge bei höheren Renditen nach der geometrischen Methode; diese wird weiter unten erklärt. Bei einem Jahr zum Beispiel zeigen die Zinssätze, entsprechend ihrer Definition, deutliche Unterschiede. Eine Rendite von 25 Prozent ist eben fünfmal höher als eine von 5 Prozent (1.250 Dollar im

Der künftige Wert von 1.000 Dollar
(jährlich verzinst; Zinszahlungen in kürzeren Abständen erbringen höhere künftige Werte)

	1 Jahr	5 Jahre	10 Jahre	20 Jahre	40 Jahre
5 %	1.050 $	1.275 $	1.600 $	2.650 $	7.000 $
10 %	1.100 $	1.600 $	2.600 $	6.700 $	45.000 $
15 %	1.150 $	2.000 $	4.050 $	16.400 $	268.000 $
20 %	1.200 $	2.500 $	6.200 $	38.300 $	1.500.000 $
25 %	1.250 $	3.050 $	9.300 $	86.700 $	7.500.000 $

Tabelle 5.1 Zinseszins: höhere Gewinne für längere Laufzeiten

Vergleich zu 1.050 Dollar). Schaut man die Reihe hinunter bis zu einem Zeithorizont von zehn Jahren, dann hat sich der Unterschied zwischen der Rendite von 5 Prozent und der von 25 Pozent fast versechsfacht (1.600 Dollar im Vergleich zu 9.300 Dollar).

Bringt man verschiedene Laufzeiten und Renditen zusammen, so entstehen erstaunliche Unterschiede. Für einen Zeitraum von 40 Jahren, also der Zeit, in der man für gewöhnlich anlegt, ist der Unterschied zwischen einer Rendite von fünf Prozent und einer von 25 Prozent geradezu atemberaubend: 7,5 Millionen Dollar im Vergleich zu 7.000 Dollar. Bei einer Rendite von 15 Prozent wächst der Betrag von 1.000 Dollar auf 268.000 Dollar, ein kleines Vermögen. Selbst über zehn Jahre hinweg verdreifacht sich der Betrag, der zu 10 Prozent angelegt wurde (auf 2.600 Dollar).

Kombiniert man Laufzeiten und die Zinssätze (oder Renditen), dann zeigt dies auch die Geschwindigkeit, die der Zinseszins entwickelt. Ein Betrag, angelegt zu zehn Prozent, schafft es, sich innerhalb von zehn Jahren mehr als zu verdoppeln, und verdreifacht sich innerhalb von fünf Jahren, wenn eine Rendite von 20 Prozent erzielt wird. Die *Tabelle 5.1* zeigt, dass sich ein Betrag bei einer Rendite von 15 Prozent innerhalb von fünf Jahren verdoppelt. (Wegen der Rundungen in dieser Tabelle ist die Zahl in Wirklichkeit ein wenig höher als das Doppelte.)

Als Faustregel kann man sagen: Ein Geldbetrag verdoppelt sich, wenn das Produkt der Rendite und der Laufzeit etwa 72 ergibt.

Man nennt dies auch »Das Gesetz der 72«. Dieses System schätzt (a) die erforderliche Laufzeit, wenn eine Rendite vorgegeben ist, oder (b) die erforderliche Rendite, wenn eine Laufzeit vorgegeben ist. Damit sich also ein Betrag innerhalb von acht Jahren verdoppelt, ist eine Rendite von neun Prozent erforderlich (9 x 8 = 72). Eine Rendite von sechs Prozent erfordert eine Laufzeit von zwölf Jahren (6 x 12 = 72). In *Abbildung 5.2* finden Sie ein vollständigeres Bild der Beziehungen.

Das »Gesetz der 72« ist nur eine Faustregel. Sie funktioniert beispielsweise nicht für eine Laufzeit von einem Jahr (die Verdopplung eines Betrags innerhalb eines Jahres entspricht einer Rendite von 100 Prozent, um zu einem Produkt von 100 zu kommen). Es ist nur eine Schätzung für ande-

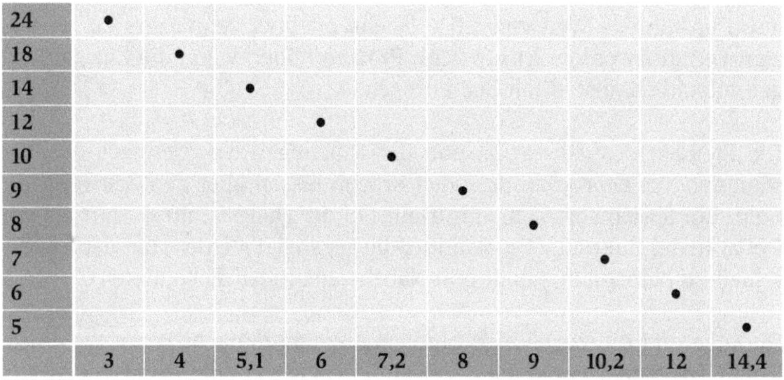

Abbildung 5.2 Zeiträume, in denen sich Beträge verdoppeln

re Laufzeiten. Unterstellen Sie einmal, Ihr Geld habe sich innerhalb von fünf Jahren verdoppelt (vielleicht haben Sie für 250.000 Dollar in bar ein Haus gekauft, und fünf Jahre später verkaufen Sie es für 500.000 Dollar, ebenfalls in bar). Wendet man das »Gesetz der 72« an, so ergibt sich eine Rendite von 14.4 Prozent (5 x 14,4 = 72), auch wenn die richtige Kalkulation eine Rendite von 14,87 Prozent ergibt. *Abbildung 5.3* zeigt Ergebnisse richtiger Kalkulationen.

Der Schluss, man habe eine Rendite von 100 Prozent erzielt, weil es fünf Jahre dauerte, bis man am Ziel war, nicht aber nur ein Jahr, ist irreführend. Ebenso wenig ist es korrekt, von einer Rendite von 20 Prozent zu sprechen, wenn man ganz einfach 100 Prozent durch fünf Jahre dividiert (dies ist die arithmetrische Rendite, die aber die Wirkung des Zinseszinseffekts nicht einbezieht). Die Rendite, die sich aus der richtigen Kalkulation ergibt, und auch die Schätzung aus dem »Gesetz der 72« nennt man geometrische Rendite, wobei auch die Kraft des Zinseszins erfasst wird.

Das »Gesetz der 72« und *Tabelle 5.1* unterstellen einen Zinseszinseffekt bei jährlicher Zinszahlung. Häufigere Zinszahlungen haben höhere künftige Werte zur Folge. Die Unterschiede sind auf lange Sicht erstaunlich. Werden beispielsweise 1.000 Dollar angelegt und über 40 Jahre hinweg monatlich verzinst, dann ergeben sich 20 Millionen Dollar anstatt nur 7,5 Millionen Dollar, wenn nur einmal jährlich Zinsen gezahlt werden. Auch weniger extreme Kombinationen weisen bedeutsame Unterschiede auf: Der künftige Wert von 1.000 Dollar, die über zehn Jahre zu 15 Prozent verzinst werden, ist um zehn Prozent höher, wenn die Zinszahlungen monatlich anstatt jährlich erfolgen.

Die Freuden des Zinseszins und der Faustregel des »Gesetzes der 72« stammen aus eher grundlegenden Erkenntnissen über den Zeitwert von Geld. Ein Sprichwort sagt: »Ein Dollar in der Hand ist mehr wert als ein Dollar in der Zukunft.« Die Schritte, die gegangen werden, um den Unterschied zu berechnen, nennt man »abzinsen« (oder diskontieren).

Die Idee und die zugehörige Mathematik sind einfach. Wenn Sie einen Dollar auf einem Bankkonto hinterlegen, das mit acht Prozent verzinst wird, dann ist der Dollar innerhalb eines Jahres 1,08 Dollar wert, und die 1,08 Dollar in einem Jahr sind heute einen Dollar wert. Die Rechnung dazu:

1 \$ x (1 + 0,08) = 1,08 \$ und 1,08 \$ / (1 + 0,08) = 1 \$.

Gleichermaßen werden 0,93 Cent von heute in einem Jahr auf einen Dollar anwachsen, und ein Dollar in einem Jahr sind heute 0,93 Cent wert.

Die Beziehung ist klar: Ein Dollar in der Hand steigt im Wert entsprechend seiner Verzinsung (Rendite); ein Dollar, den man in der Zukunft bekommt, sinkt entsprechend dem Zinssatz im Wert. Der Unterschied geht in jedem Fall teilweise auf die Inflation zurück und teilweise darauf, den Investor dafür zu belohnen, dass er heute Dollars investiert hat, die in der Zukunft zurückgezahlt werden.

Gehen wir ein Stück weiter. Der Wert von einem Dollar ist in zwei Jahren geometrisch gestiegen. Der Wert wächst entsprechend dieser Rechnung: 1 \$ x (1 + 0,08) x (1 + 0,08). Umgekehrt ist ein Dollar, den man erst in zwei Jahren erhält, geometrisch weniger wert: 1 \$ / (1 + 0,08) x (1 + 0,08). Das ist 0,857 Dollar.

Und so sind künftige Dollars in der Gegenwart umso weniger wert, je länger wir darauf warten müssen. Für Investoren, die Kapital überlassen, ist der Grad des Unterschiedes die Rendite; für diejenigen, die das Geld erhalten, sind es Kapitalkosten.

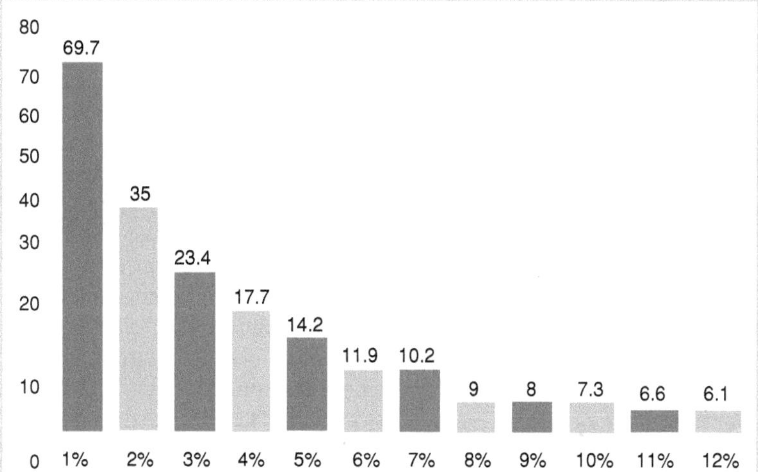

Abbildung 5.3 Ergebnisse mathematisch korrekter Kalkulationen

Die Rechnung dazu kann in einer allgemeinen symbolischen Form dargestellt werden. Die folgende Formel besagt, dass der Gegenwartswert PV (PV = present value) von einem Dollar durch die Multiplikation des Dollars mit einem Diskontfaktor gleich 1 dividiert durch 1 plus dem Zinssatz R (R = rate), exponiert mit der Anzahl der Jahre, bis die Zahlung erfolgt (als ^{t} bezeichnet, t = time). Nachfolgend die dazugehörige Gleichung:

$$PV = \$1 \times \left(\frac{1}{1+R}\right)^t$$

Wenn man die Angelegenheit vereinfacht, dann kann die Formel auch so dargestellt werden:

$$PV = \frac{\$1}{(1+R)^t}$$

Diese Formel kann dazu verwendet werden, den Gegenwartswert jeglichen künftigen Stroms von Zahlungsmitteln zu berechnen, gleichgültig, ob Anleihen, Aktien, Honorare und Patentlizenzen oder andere Vermögensteile. Nehmen wir ein ganz einfaches Beispiel, in dem es um Anleihen mit einem Nennwert von 1.000 Dollar geht, einer zehnjährigen Zinszahlung und einer hundertprozentigen Rückzahlung des investierten Kapitals im Jahr zehn. Gehen wir weiter davon aus, dass jährlich 80 Dollar Zinsen ausbezahlt werden und die zugehörige Diskontrate bei acht Prozent liegt (diese beiden Annahmen bedeuten, dass die Anleihe zum Nominalwert verkauft wird – also zu einem Zinssatz, der gleich dem Diskontsatz ist).

Ein Diskontfaktor muss bei jeder jährlichen Zahlung angewendet werden, 80 Dollar in den Jahren eins bis neun und 1.080 Dollar im Jahr zehn. Wie oben schon beschrieben, unterliegt die erste Zahlung einem Diskontfaktor gleich (1 / 1,08), was einem Diskontfaktor von 0,93 gleichkommt und somit einen Gegenwartswert von 74,07 Dollar darstellt. Die zweite Jahreszahlung wird mit 1 / 1,08 x 1,08 diskontiert und hat somit einen Gegenwartswert von 68,59 Dollar. Diskontiert man alle künftigen Zahlungen und addiert sie, dann ergibt sich ein Gegenwartswert des Zahlungsstroms in Höhe von 1.000 Dollar.

Der Wert der Anleihe verändert sich allerdings während der Laufzeit, wenn sich die Renditen ähnlicher Finanzanlagen verändern. Wenn vergleichbare Zinsen beispielsweise auf neun Prozent steigen, dann würden die Zahlungsströme neu bewertet und dieser Prozentsatz als Diskontfaktor eingesetzt. Dies würde den Gegenwartswert der künftigen Cashflows mindern und somit auch den Wert der Anleihe. Die unmittelbare Erkenntnis: Man kann mit anderen Investitionen neun Prozent erzielen, und deshalb ist eine Finanzanlage, die vergleichsweise geringere acht Prozent einbringt, weniger wert.

Wenn vergleichbare Zinsen steigen, dann sollten die Kurse von Anleihen fallen. Was Anleger, die investieren wollen, für die Anleihe zahlen werden, sollte nicht mehr sein als der Gegenwartswert der künftigen Cashflows, wenn sie richtig abgezinst werden. Der Unterschied zwischen dem, was Investoren für eine Anlage bezahlen, und dem Gegenwartswert seiner Cashflows nennt man den Netto-Gegenwartswert einer Anlage.

Rationale Investoren legen ihr Geld niemals in Anlagen mit einem negativen Netto-Gegenwartswert an. In perfekten ökonomischen Märkten werden die Finanzanlagen immer zu Kursen gekauft und verkauft, deren Netto-Gegenwartswert gleich null ist. Der entscheidende Punkt für das Value-Investing ist, dass Value-Investoren niemals Kapital in Investitionen anlegen, die etwas anderes als positive Netto-Gegenwartswerte darstellen.

Anleger, die zu Kursen handeln, deren Netto-Gegenwartswert null ist, erhalten den Gewinn des Gesamtmarktes. Diejenigen, die Anlagemöglichkeiten mit positiven Netto-Gegenwartswerten finden, sind im Vorteil. Die Spanne bietet letztlich eine Art Dramatisierung der gebündelten Kraft des Zinseszins und des erfolgreichen Value-Investings.

Nehmen wir an, der durchschnittliche Gewinn des Marktes ist zehn Prozent. Das ist der Gewinn, der von Investoren erwartet wird, die immer nur dann handeln, wenn die Beziehung zwischen Kurs und Gewinn einen Netto-Gegenwartswert von null ergibt. In *Tabelle 5.4* finden Sie Ergebnisse für Einstiege über und unter dieser Ebene; dazwischen liegt der Marktgewinn. Die fünf Zeilen unter dem Marktgewinn zeigen die deutlichen Vorteile von Investoren, die sich über überragende verzinste Jahresgewinne über verschiedene Laufzeiten hinweg freuen können. Die fünf Zeilen darüber zeigen das Gegenteil. (Die Zahlen wurden wieder gerundet, um die wesentlichen Unterschiede deutlicher darzustellen.)

	1 Jahr	5 Jahre	10 Jahre	20 Jahre	40 Jahre
0	1.000	1.000	1.000	1.000	1.000
2 %	1.020	1.100	1.220	1.500	2.200
4 %	1.040	1.200	1.480	2.200	4.800
6 %	1.060	1.350	1.790	3.200	10.300
8 %	1.080	1.500	2.160	4.700	21.700
10 %	1.100	1.600	2.600	6.700	45.000
12 %	1.120	1.800	3.100	9.600	93.000
14 %	1.140	1.925	3.700	13.700	189.000
16 %	1.160	2.100	4.400	19.500	379.000
18 %	1.180	2.300	5.200	27.400	750.000
20 %	1.200	2.500	6.200	38.300	1.500.000

Tabelle 5.4 Besser oder schlechter als der Markt

Wenn man mit dem Gewinn des Marktes zufrieden ist, dann geht das in Ordnung. Fällt man aber hinter den Marktgewinn zurück, dann ist dies eher destruktiv. Wenn man jedoch auch nur geringfügig besser ist als der Markt (etwa zwei Prozent), so stellt dies einen enormen Wert dar. In einem Zeitraum von zehn Jahren bringen Gewinne, die stetig um zwei Prozent über denen des Marktes liegen, einen Gesamtgewinn, der um mehr als zehn Prozent höher liegt. Diese deutlichen Unterschiede zählen zu den stärksten Attraktionen und Gründen für den Erfolg des Value-Investings.

6 Maßeinheiten für Werte

Der Wert eines jeden Vermögens (etwa Aktien, Anleihen oder Unternehmen) ist eine Funktion der Zuflüsse und Abflüsse von Barmitteln, die mit einem angemessenen Satz abgezinst werden, den ein Investor vernünftigerweise innerhalb der verbleibenden Laufzeit erwarten kann. Der Wert von Anleihen ist am einfachsten zu ermitteln. Normale Anleihen haben einen festen Zinssatz und ein festgelegtes Ablaufdatum. Die Kombination definiert die erwarteten Cashflows und die angemessene Abzinsungsrate (Diskontierung).

Stammaktien haben keinen derartigen Coupon, und ihre Laufzeit hat kein Ende. Bei der Bewertung muss ein Analyst deshalb beide Komponenten schätzen. Ein weiterer entscheidender Unterschied ist, dass die qualitativen Variablen, etwa die Redlichkeit und das Können des Managements, einen direkten Einfluss auf den Wert der Aktie haben, doch nur einen begrenzten Einfluss auf den Wert von Anleihen.

Bei der Auswahl von Kapitalanlagen entscheiden sich Value-Investoren für solche, die in der Bewertungsanalyse zu den billigsten zählen. Die Bewertungsanalyse zieht alle relevanten Faktoren, die das Unternehmen betreffen, in Betracht, auch die finanzielle Stärke, das relative Unternehmenswachstum und die Kontinuität der Gewinne. Wenn die Bewertung erst einmal durchgeführt wurde, sollte diesen Faktoren keine weitere Beachtung mehr geschenkt werden.

Die Jagd auf gute Kapitalanlagen schließt ein, dass nur solche Unternehmen erfasst werden, denen man am ehesten zutraut, die Bewertungsskala anzuführen. Zu diesen Unternehmen zählen diejenigen, die zusätzliches Kapital am besten einsetzen und im Vergleich zu den Kapitalkosten hohe Renditen erzielen können. Zu den Unternehmen, um die man einen großen Bogen machen sollte, zählen solche, die zusätzliches Kapital einsetzen müssen, um im Vergleich zu den Kapitalkosten eine geringe Rendite zu erzielen. Die Ersteren sind wesentlich seltener als die Zweiten.

Die Anwendung der Bewertungsgleichung auf das ganze Universum der Unternehmen ist schwierig und enthält ein deutliches Risiko, dass man sich auch irren könnte. Um dieses Risiko eines Irrtums möglichst gering zu halten, benötigt die Bewertungsgleichung eine sehr disziplinierende Eigenschaft: die Sicherheitsspanne. Sie drückt aus, für einen Titel niemals einen Kurs zu bezahlen, der nur annäherungsweise oder gleich dem Wert ist (oder gar höher liegt), dessen Bewertungsanalyse man zuvor durchgeführt hat. Ist dem Investor ein Fehler unterlaufen, dann wird er Geld verlieren. Wenn er darauf besteht, nur einen Teil des Wertes, den er bestimmt hat, zu bezahlen, dann kann er, selbst wenn er einen Fehler gemacht hat, künftige Verluste zwar nicht vermeiden, aber sicher kann er sie so mindern.

Während alle Investoren darin übereinstimmen, dass der intrinsische Wert der Gegenwartswert von Barem ist, der einen Vermögensteil für seinen Eigentümer erwirtschaftet, gibt es ernsthafte Meinungsunterschiede hinsichtlich der Faktoren, die verwendet werden, um die Cashflows und die relevante Abzinsungsrate zu berechnen. Die Diskussion um die Cashflows konzentriert sich darauf herauszufinden, welche Daten diesen Wert am zuverlässigsten beschreiben. Cashflows sind Bilder der Zukunft, und die Zukunft kann man nur beurteilen, wenn man auch die Vergangenheit kennt.

Mit welchen historischen Indikatoren kann man die Performance in der Zukunft am besten beurteilen? Zu diesen Indikatoren zählen die Indikatoren selbst, die Gewinne der jüngeren Vergangenheit und die aktuellen Aktiva und Passiva. Selbst unter prominenten Value-Investoren variiert die Gewichtung, die den einzelnen Messgrößen bei der Bewertung zugestanden wird. Alle stimmen darin überein, dass man sich bei der Analyse – in dieser Reihenfolge – auf die Bilanz, den Geschäftsbericht und die Kapitalflussrechnung, also den Bericht zum Cashflow, konzentrieren muss.

Bilanzwert: Vermögen am Werk

Das reine Value-Investing beginnt mit der Bilanz, der Auflistung der Vermögenswerte und der Verbindlichkeiten; den daraus resultierenden Unterschied nennt man den Buchwert. Es gibt drei Größen, die daraus abgeleitet werden können: den Netto-Vermögenswert, den Liquidationswert und die Wiederherstellungskosten. In einigen Bereichen hat unser wirtschaftliches Umfeld die Grundsätze der Rechnungslegung überholt, sodass eine wichtige Anlageklasse, die immateriellen Werte, die oft einen sehr hohen Wert darstellen, auf der Vermögensseite einer Bilanz gar nicht auftauchen. Beispiele dafür sind geistiges Eigentum (Urheberrechte, Patente und Handelsmarken) und Humankapital (gut ausgebildete Mitarbeiter, Know-how und besondere Fertigkeiten).

Dennoch erfordert das Value-Investing eine Bilanzanalyse. Diese konservativste Form des Value-Investings untersucht nur das Umlaufvermögen, subtrahiert alle Verbindlichkeiten und bestimmt die Differenz als Unternehmenswert. Benjamin Graham machte diesen Wert als »net-net working capital« (Netto-Umlaufvermögen) bekannt. Diese Vorgehensweise ist jedoch ein wenig unpraktisch, denn einige Unternehmen operieren heute mit einem Umlaufvermögen, das größer ist als die gesamten Verbindlichkeiten.

Die Bilanzdaten werden für die Bewertung immer weniger zuverlässig, denn die einzelnen Posten werden immer stärker vom Unternehmen oder von der Branche abhängig:

b) Jedes Unternehmen kann Barmittel benutzen, sodass ein Dollar ziemlich genau einen Dollar wert ist.

c) Offene Rechnungen werden vom Unternehmen, das sie gestellt hat, leichter eingenommen, doch können sie übertragen oder verkauft werden, und der Käufer kann den größten Teil von dem, was das Unternehmen in Rechnung gestellt hat, eintreiben (dies ist in der Regel der Fall, wenn beispielsweise in der Textilindustrie das Factoring Anwendung findet).

d) Der Lagerbestand kann nur von anderen Händlern oder Herstellern der gleichen oder einer ähnlichen Branche genutzt werden.

e) Grundbesitz, Fabriken und Anlagen sind selbst von Mitbewerbern weniger leicht zu nutzen, sie können sogar unverkäuflich sein.

f) Der Firmenwert ist für ein Unternehmen so gut wie einmalig (andere immaterielle Werte wie Handelsmarken, Patente und Urheberrechte erscheinen in der Regel nicht in der Bilanz).

Der Liquidationswert ist der Nettobetrag, der erzielt werden kann, wenn das Vermögen eines Unternehmens verkauft wird und damit die Verbindlichkeiten beglichen werden.

Wenn ein Unternehmen vor einer Liquidation bewertet wird, werden die meisten Vermögenswerte zu einem niedrigeren Wert angesetzt, und die Verbindlichkeiten werden zum Nennwert behandelt. Barmittel und Wertpapiere werden ebenfalls mit dem Nennwert angesetzt. Offene Rechnungen werden niedriger bewertet (etwa mit einem Abschlag von 15 bis 25 Prozent), der Lagerbestand mit einem größeren Abschlag (vielleicht 50 bis 75 Prozent) und die Anlagen in etwa so wie der Lagerbestand. Jeglicher Firmenwert sollte unbeachtet bleiben, ebenfalls die immateriellen Werte und Vorauszahlungen.

Der Rest ist der Anteil der Aktionäre. Diese Bewertungsmethode ist angebracht, wenn Unternehmen abgewickelt werden. Dabei werden keine Werte in Betracht gezogen, die sich ergeben, wenn die Ressourcen in jedweder Kombination angegeben werden. Es ist deshalb nur von begrenztem Nutzen, wenn Unternehmen so bewertet werden, als ob sie in Betrieb seien.

Für einen laufenden Betrieb gelten drei Ansätze. Grahams Ansatz war am strengsten, denn er bestand aus der Feststellung des Umlaufvermögens, das von allen Verbindlichkeiten subtrahiert wurde. Wenn das entsprechende Objekt zu einem geringeren Preis als der Differenz gehandelt wird, besteht eine ansehnliche Sicherheitsspanne. Solche Ergebnisse sind heute so selten wie Hühner mit Zähnen.

Eine weitere Alternative ist ganz einfach der Buchwert, das heißt, wenn ein Unternehmen zu einem Kurs gekauft werden kann, der geringer ist als die Differenz zwischen dem ausgewiesenen Gesamtvermögen und den ausgewiesenen Verbindlichkeiten. Dies stellt ebenfalls eine zufrieden stellende Sicherheitsspanne dar. Zwar gibt es in den USA noch einige dieser Unternehmen, doch sind sie nicht die Regel. Das Value-Investing ist, was die veröffentlichten Zahlen betrifft, ziemlich skeptisch und rechtfertigt damit die dritte Methode der Vermögensbewertung, die Methode der Wiederherstellungskosten.

Hinter dieser Methode der Bilanzbewertung steht die Vorstellung, einen laufenden Betrieb auf der Grundlage dessen zu bewerten, was es einen neuen Marktteilnehmer kosten würde, alles von Anfang an zu aktuellen Kosten oder aber zu Wiederbeschaffungskosten neu aufzubauen. Alle Ressourcen und Forderungen gegen dieses Unternehmen werden getrennt erfasst und nicht berücksichtigt. Die Barmittel, Wertpapiere, offenen Ausgangsrechnungen und der Lagerbestand können wahrscheinlich zum Nennwert angenommen werden, ebenso bestehende Vorauszahlungen.

Recherchen sind anzustellen, um sicherzugehen, dass offene Ausgangsrechnungen hinreichend gegen Ausfälle abgesichert sind und dass der Lagerbestand nicht zu hoch bewertet wurde (beispielsweise wegen Überalterung, wodurch er unverkäuflich werden würde), aber auch nicht zu gering bewertet (wegen einer Inflation bezüglich der Verkaufspreise, verglichen mit den früheren Herstellungskosten der Fertigwaren). Der Wert der Anlagen sollte korrigiert werden, damit die aktuellen Marktpreise zum Ausdruck kommen, immer im Vergleich zu den früheren Beschaffungskosten (abzüglich der Abschreibung durch Abnutzung, AfA), zu denen sie in den Büchern geführt werden könnten. Der Firmenwert in der Rechnungslegung bleibt eine Anlageklasse, die nur wenig zur Erhöhung des Wertes beiträgt.

Zusätzlich zu den Vermögenswerten, die in der Bilanz eines Unternehmens erscheinen, gibt es noch eine Reihe wertvoller Ressourcen, die nach den allgemein gültigen Grundsätzen der Rechnungslegung (GAAP = generally accepted accounting principles) nicht in Erscheinung treten. Zu diesen so genannten versteckten Werten zählen der Wiedererkennungswert eines Markennamens, die Produktqualität, das Know-how, die Ausbildung der Mitarbeiter und die spezielle Gestaltung von Produktion und Vertrieb.

Beispielsweise müsste ein Neuling am Markt in Forschung und Entwicklung investieren, um ein entsprechendes Unternehmen kopieren zu können. Man kann eine begründete Vermutung anstellen, indem man den Lebenszyklus eines daraus entstehenden Produktes einschätzt und das so gewonnene Ergebnis mit den durchschnittlichen jährlichen Kosten für Forschung und Entwicklung des betroffenen Unternehmens multipliziert. Bei einem patentierten Arzneimittel könnte die Lebensdauer bis zu 17 Jahren liegen. Wenn das Unternehmen also jährlich fünf Prozent für Forschung und Entwicklung seiner patentierten Produkte ausgibt, dann könnte ein Betrag in der Höhe von etwa 85 Prozent der aktuellen Erlöse gewährleistet sein.

Eine ähnliche Schätzung ist angebracht, um die Kundenbeziehungen zu bewerten. Man benötigt viel Zeit und Mittel, um diese aufzubauen. Man kann sie bewerten, wenn man ein Vielfaches des Jahresumsatzes und der Verwaltungskosten ansetzt – etwa für ein bis drei Jahre. Weitere Schätzungen betreffen andere versteckte Werte wie behördliche Lizenzen, Franchiseverträge und andere wertvolle Güter, die nach den üblichen Regeln in einer Bilanz nicht aufgeführt werden.

Die Verbindlichkeiten eines laufenden Betriebs, jeweils zum Nennwert, werden mittels der Methode der Wiederherstellungskosten erfasst und subtrahiert. Für die jeweiligen Klassen von Verbindlichkeiten ist jedoch Urteilsvermögen gefragt, etwa bei aufgeschobenen Steuerschulden oder in Haftungsfragen. Ein Neuling in einer Branche hätte derartige Verbindlichkeiten wahrscheinlich nicht. Ist dies nicht der Fall, können sie vernachlässigt werden. Schulden sollten jedoch subtrahiert werden, entweder mit ihrem vorgetragenen Betrag oder ihrem Marktwert, je nachdem, welcher Wert der höhere ist.

Zur Analyse der Bilanz gehören auch die Bestimmung des Verschuldungsgrads und die Feststellung, ob alle Verbindlichkeiten sauber verbucht wurden. Es ist auch klug, die Relation zwischen der verbuchten Abschreibung und der Reinvestition des Kapitals zu untersuchen. Ersteres steht stellvertretend für das Zweite; also muss man versuchen zu bestimmen, ob die erforderlichen Reinvestitionen höher oder niedriger sind als die Abschreibungen.

Die Zahlen, die aus der Bilanzanalyse resultieren, bleiben Richtlinien. Der Wert des Unternehmens entspricht zumindest dem Nettowert des Vermögens abzüglich aller Verbindlichkeiten. Ob noch ein Aufschlag angebracht ist, hängt davon ab, ob die Basis des Anlagevermögens durch Wettbewerbsvorteile verbreitert werden kann, die daraus entstehen, dass es gelingt, weitere Konkurrenten vom Markt fern zu halten.

Der Wert nach dem Geschäftsbericht: die Abrechnung der Gewinne

Der erfolgreiche Einsatz des Anlagevermögens zeigt sich im Geschäftsbericht. Dieser stellt die Erlöse abzüglich der Auslagen dar und vermittelt ein wichtiges Bild der unternehmerischen Leistung. Dies ist nicht das Bild der Cashflows, weil die GAAP zur Darstellung die Methode der periodengerechten Abgrenzung verwenden und nicht die Methode des Barmittelbestands.

Bei der Buchführung mit periodengerechter Abgrenzung wird die wirtschaftliche Tätigkeit entsprechend der Beziehung zwischen Erlösen und Aufwand aufgezeichnet und nicht nach dem Zeitpunkt des Geldzuflusses und des Geldabflusses. Dies ist keine Eigenart in der Tradition des Rechnungswesens, sondern ein Spiegelbild des Ziels des Rechnungswesens, nämlich die Messung und Zuordnung der Geschäftsvorfälle, die die wirtschaftliche Realität darstellen. Die Rückstellungen erfassen die nicht monetären Kosten des Geschäftsbetriebs und reflektieren, dass in der Zukunft Barmittel benötigt werden.

Reine Value-Investoren (wie Graham und Dodd) glauben, dass die aktuellen Gewinne (korrigiert, wie weiter unten besprochen) die zuverlässigsten Indikatoren eines lang anhaltenden Cashflows für die Unternehmen seien. Ergänzt man eine weitere Bedingung, so kann man sagen, dass reine Value-Investoren davon überzeugt sind, dass die zuverlässigste Methode darin besteht, die aktuellen Gewinne als Bewertungsmaßstab zu nutzen, und davon ausgehen, dass sie auch in Zukunft gleich bleiben, nicht jedoch entsprechend den Schätzungen wachsen werden.

Die zugehörige Kalkulation ist einfach. Die Bewertung basiert darauf, dass die aktuellen Gewinne gleich den aktuellen Gewinnen dividiert durch die aktuellen Kapitalkosten des Unternehmens sind (Wert = Gewinn/Kapitalkosten). Die Vorteile dieses Ansatzes sind Einfachheit und Zuverlässigkeit: Beide Daten sind bekannt oder können verlässlich geschätzt werden. Gewinne sind Gewinne; die Kapitalkosten sind die gewichteten durchschnittlichen Kosten der Verbindlichkeiten und Kosten der Wertpapiere (Erstere können ganz einfach berechnet werden; Letztere erfordern immer noch eine Schätzung, wie wir im nächsten Kapitel noch besprechen werden). Einfach ist diese Methode deshalb, weil sich die Investoren nicht mit Wachstumsraten plagen müssen, eben weil kein Wachstum unterstellt wird.

Außer der Bestimmung der Kosten der Wertpapiere beruht die Bewertung auf einigen Beurteilungen in der Rechnungslegung, um die Richtigkeit der aktuellen Gewinne zu bestätigen. Diese Aufgabe könnte Korrekturen bei den veröffentlichten Zahlen notwendig machen, um die aktuellen Gewinnzahlen zu erlangen, aus denen bestmöglich die langfristig zu erzielenden Cashflows des Unternehmens ermittelt werden können.

Die Korrekturen der aktuellen Gewinne ergeben sich auch durch die Verzerrung als Folge einmaliger Veränderungen. Es kommt vor, dass Unternehmen schlechte Nachrichten, die mehrere Jahre betreffen, zu einer einzigen Belastung zusammenfassen und sich dieser dann sozusagen als einmaliger Episode entledigen. Um diese Vorgehensweise zu korrigieren, muss man die einmalige Belastung auf mehrere Perioden verteilen und die Gewinne des laufenden Jahres entsprechend anpassen.

Weitere Gründe für eine Korrektur der aktuellen Gewinne sind Entnahmen durch die Buchhaltung, Belastungen, die nicht aus Barmitteln bestehen, etwa Abschreibungen und Amortisation. Sie zeigen quasi als Stellvertreter, wie nahe das Kapitalvermögen eines Unternehmens dem Ende seines Lebenszyklus ist und ersetzt werden muss. Bei den erforderlichen Reinvestitionen derartiger Kapitalvermögen ist es üblich, den Betrag, der in den Büchern steht, zu überschreiten.

Die aktuellen Gewinne müssen möglicherweise auch in dem Ausmaß korrigiert werden, in dem das laufende Jahr aus substanziellen wirtschaftlichen Gründen eine Anomalie darstellt. Wenn dieses Jahr aus konjunkturellen Gründen für das Unternehmen schlecht läuft, dann ist eine Korrektur nach oben auf der Grundlage der Gewinne der Vorjahre angebracht; wenn eine Hochkonjunktur im Unternehmen oder der Branche vorliegt, sollte das Gegenteil getan werden.

Value-Investing vermeidet Pro-forma-Zahlen. Diese sind Bilder einer Performance, die auf mehreren Annahmen beruhen, die anders aussehen als diejenigen, die für die Vorbereitung des Geschäftsberichts vorliegen. Dies ist dann sinnvoll, wenn beispielsweise gezeigt werden soll, wie ein frisch fusioniertes Unternehmen ausgesehen hätte, wäre die Fusion ein paar Jahre früher vollzogen worden. In anderen Zusammenhängen stellen sie keine nützlichen Quellen dar. Pro-forma-Zahlen sind in einem Finanzbericht die unzuverlässigsten Daten und für eine Bewertung absolut ungeeignet.

Suspekt sind Value-Investoren auch Annahmen über das Wachstum künftiger Gewinne, die aus aktuellen oder früheren Jahren extrapoliert werden. Anders als extreme Anhänger des Wachstums-Investings ziehen Value-Investoren nur aktuelle Gewinne in Betracht – korrigiert, wie eben beschrieben –, wenn sie die nachhaltigen künftigen Cashflows bestmöglich beschreiben wollen. Ein Hauptgrund für die Ablehnung geschätzter und unbekannter Cashflows ist das Fehlen andauernder Wettbewerbsvorteile oder Hindernisse für den Einstieg neuer Konkurrenten. Dem Wachstum fehlt der Wert.

Wenn Neulinge in die Branche als gleichwertige Wettbewerber eintreten, so treibt diese Wirkung die Gewinne eines Unternehmens an, nur um deren Kosten auszugleichen – kein Vorteil ist nachhaltig, sodass Wachstum nichts verbessert. Wachstum ist ein Geschäft, das mit dem Umsatz gemessen wird, und erfordert die Vergrößerung des Unternehmens, mit dem Anlagevermögen als Maßstab. Wachsende Anlagen erfordern Kapital, das ebenfalls ein Kostenfaktor ist. Sieht man sich in einer Branche Neueinsteigern ausgesetzt, dann führt dieser Vorgang ins Leere (außer wenn sie sehr viel Glück haben und dann nur vorübergehend – Vorteile, für die ein Value-Investor nicht bezahlt).

Der Unternehmenswert

Ein weiterer Grund für die Aversion von Value-Investoren gegen Bewertungen, die auf der Grundlage von Wachstum durchgeführt werden, besteht darin, dass das Wachstumspotenzial auch durch andere Wachstumsindikatoren bestimmt werden kann und es keiner Schätzungen bedarf. Dazu zählen vergleichende Ermittlungen, die auf der Bestimmung der Gewinne und des Anlagevermögens beruhen.

Daraus ergeben sich drei Möglichkeiten: Die Bewertungen sind gleich, oder eine von beiden liegt höher. Wenn sie gleich sind, dann hat das Wachstum, wie schon angemerkt, keinen Wert. Wenn der Wert des Anlagevermögens höher ist, so setzen die Manager das Anlagevermögen nicht optimal ein, entweder weil sie dazu nicht fähig sind oder weil die Kapazitäten in der Branche insgesamt zu hoch sind. Hier bleibt kein Wert übrig.

Wenn der Wert der Gewinne das Anlagevermögen übersteigt, dann ist dies eine Folge von Wettbewerbsvorteilen oder von Einstiegshürden, und diese weisen auf einen potenziellen Wert des Wachstums hin. Dies ist ein Anzeichen dafür, dass ein Unternehmen über einen Firmenwert verfügt. Ein Maßstab für diesen Wert ist ein höherer Wert für die Gewinne als für das Anlagevermögen. Dies wird im ROE dargestellt. Dieser ökonomische Firmenwert macht solche Unternehmen zu Kandidaten für Value-Investoren.

Unternehmen mit einem Firmenwert sind solche, die Einstiegshürden für andere Unternehmen aufweisen können, die es für Neueinsteiger zu teuer machen, den Markteintritt zu wagen. Starke Handelsmarken können helfen, solange die Wettbewerber sie nicht erreichen können. Beispiele zeigen, dass der Markenname, zumindest für einige Zeit, für solche Produkte steht, etwa Coke, Kleenex, Hoover (zu seiner Zeit), Harley Davidson (in gewissem Umfang) und andere.

Zu den Techniken, einen Firmenwert aufzubauen, zählen Patente, Exklusivrechte, Know-how und geheime Formeln. In der Regel können auch hohe Fixkosten helfen. Zu den verbreiteten Elementen bei Unternehmen mit einem Firmenwert zählen auch hohe Kosten für Verbraucher, die von den Produkten des Unternehmens zu Produkten eines anderen Herstellers wechseln wollen, hohe Kosten für Verbraucher, die solche Alternativen finden wollen, und Gewohnheiten, die Verbrauchertreue begründen.

Gefahren für den Firmenwert sind Einschränkungen, die Wettbewerber umgehen können. Beispiele dafür sind gewerkschaftlich organisierte Mitarbeiter, ein schleppender Absatz oder eine begrenzte Anpassungsfähigkeiten eines Unternehmens an veränderte Umstände.

Der Wert des Wachstums

Wachstum ist nicht kostenlos. Sein Preis sind die Kapitalkosten für das erforderliche Geld, mit dem es erzielt werden soll. Wachstum erhöht den Unternehmenswert nur dann, wenn der Kapitalgewinn die Kapitalkosten übersteigt. Nehmen wir ein Beispiel aus dem in Einzelheiten gehenden Buch von Bruce Greenwald über das Value-Investing.

Angenommen, die Gewinne liegen bei 32 Dollar. Ein Analyst stellt fest, es würde 20 Dollar kosten, um stetig um zehn Prozent zu wachsen. So kann man entweder immer 32 Dollar haben oder aber zwölf Prozent, die immer um zehn Prozent wachsen. Was ist besser: Wachstum oder kein Wachstum? Dies ist von den Kapitalkosten abhängig. Wir verwenden die folgende Standardformel:

$$V = \frac{D_1}{k - g}, \; V = \text{Wert (value)}$$

Diese Formel ist eine Variation der Formel, die ich erwähnte, als wir über die aktuellen Gewinne sprachen, der wir nun aber eine Wachstumsrate g (growth = Wachstum) hinzufügen.

Vergleicht man unser Beispiel unter der Annahme, dass k (Kapitalgewinn) 20 Prozent und g null oder zehn Prozent beträgt. Dann gilt:

a) $$V = \frac{32}{0{,}20 - 0} = 160\ \$$$

b) $$V = \frac{12}{0{,}20 - 0{,}10} = 120\ \$$$

Bei Kapitalkosten von 20 Prozent sind immer 32 Prozent besser als zwölf Prozent, die immer um zehn Prozent wachsen. Somit mindert Wachstum den Wert, wenn die Kapitalkosten höher sind als der Kapitalgewinn.

Setzt man für k 14 Prozent ein, dann gilt

a) $$V = \frac{32}{0{,}14 - 0} = 229\ \$$$

b) $$V = \frac{12}{0{,}14 - 0{,}10} = 300\ \$$$

Bei Kapitalkosten von 20 Prozent ist 32 Prozent für immer besser als zwölf Prozent mit stetigem Wachstum von zehn Prozent. Somit erhöht Wachstum den Wert, wenn der Kapitalgewinn höher ist als die Kapitalkosten.

Setzt man letztlich für k 16 Prozent ein, dann gilt:

a) $$V = \frac{32}{0{,}16 - 0} = 200\ \$$$

b) $$V = \frac{12}{0{,}16 - 0{,}10} = 200\ \$$$

Wenn Kapitalkosten und Kapitalgewinn gleich sind, dann ist das Wachstum neutral, es spielt dann keine Rolle.

Diese Darstellung beweist folgende Erkenntnis: Wenn die Kapitalkosten ebenso hoch sind wie der Kapitalgewinn, dann erhöht Wachstum den Wert nicht, aber es mindert ihn auch nicht, gleichgültig, wie hoch oder wie gering das Wachstum auch sein mag. Der Grund dafür liegt auf der Hand: Wenn ein Investor neues Kapital einbringt und dafür ebenso viel Rendite verlangt, wie das eingesetzte Kapital erwirtschaften kann, dann kann der Gewinn für die bisherigen Investoren nicht höher werden.

So stehen wir wieder am Anfang des Kreises: Wachstum ist nicht kostenlos. Wenn ein Unternehmen Kapital zu geringeren Kosten anlocken kann, als es damit erwirtschaftet, dann erhöht Wachstum den Wert. Wenn es Kapital anlockt, das mehr kostet als der Zuwachs an Gewinnen, die dadurch erwirtschaftet werden, dann mindert Wachstum den Wert. Sind die Kapitalkosten ebenso hoch wie der daraus erwirtschaftete Gewinn, so hat Wachstum keine Auswirkungen auf den Wert.

Die einzigen Unternehmen der ersten Kategorie sind solche, die Charakteristika aufweisen, die einen besonderen Firmenwert begründen. Die einzige Möglichkeit, Kapitalgewinne zu erwirtschaften, die größer sind als die Kapitalkosten, besteht darin, Wettbewerber vom Markt fern zu halten. Wenn neue Wettbewerber in den Markt können, dann werden die Kapitalkosten und die Gewinne bald gleich hoch sein (oder noch schlimmer, die Kapitalkosten werden den Gewinn übersteigen).

Bevor wir dazu übergehen, den Cashflow anhand von Techniken des Value-Investings zu untersuchen, sollten Sie zwei entscheidende Punkte beachten, die durch die *Abbildung 6.1* dargestellt werden: (1) Das Anlagevermögen treibt Gewinne und Cashflows an, und (2) das Anlagevermögen ist wichtiger als alles andere.

Zu (1): Bei den meisten Unternehmen ist der Wert des Anlagevermögens höher als der Wert der Gewinne; Unternehmen, deren Wert

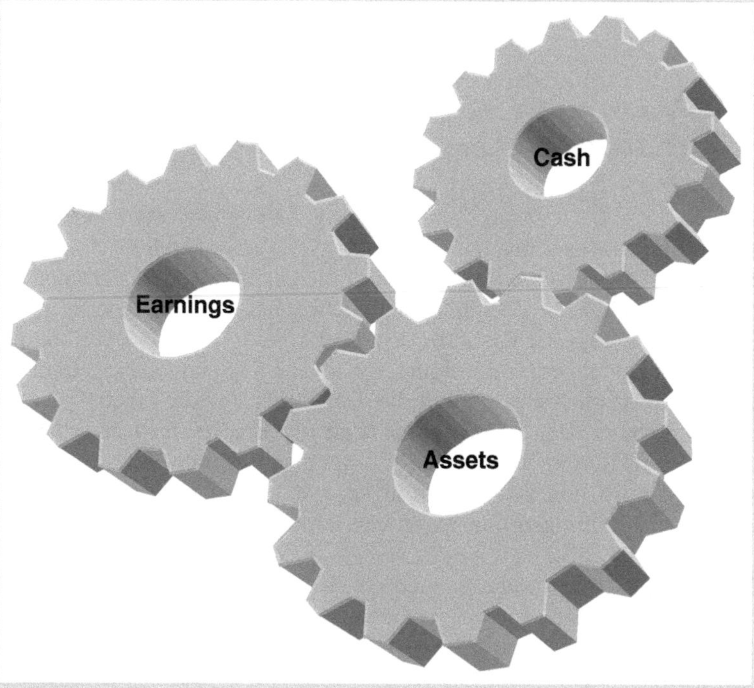

Abbildung 6.1 Größen, die den Wert bewegen
(Earnings = Gewinne; Cash = Barmittel; Assets = Anlagevermögen)

der Gewinne den Wert des Anlagevermögens übersteigt, weisen besondere Charakteristika auf, die einen Firmenwert begründen. Dazu gehört auch die Fähigkeit, auf Dauer hohe Gewinne auf das eingesetzte Kapital (ROE) zu erzielen (hohe Gewinne in Relation zum Anlagevermögen).

Zu (2): Die Zuverlässigkeit der Daten bleibt nicht gleich. Die Daten aus der Bilanz sind für eine Bewertung in der Regel am zuverlässigsten; danach erst kommen die Daten aus dem Geschäftsbericht, in dem die aktuellen Gewinne beschrieben werden. Ordentlich bestimmte Cashflows sind wahrscheinlich geringer als die Gewinne, auch wenn heute einige Analysten die gegenteilige Auffassung vertreten, weil sie wichtige nicht monetäre Belastungen wie Abschreibungen bei den Einnahmen ignorieren.

Die Analyse der abgezinsten Cashflows: sehr subjektiv

Der Grund dafür, dass das Value-Investing die Bilanz so stark gewichtet, liegt darin, dass es scheinbar sehr einfach ist, sich ausschließlich auf den Status der Cashflows zu verlegen. Doch die Cashflows allein verschleiern wichtige Größen. Die Cashflows sind nicht genau das Endergebnis. Es ist zwar richtig, dass der Cashflow den Wert antreibt, doch ein bestimmter Anteil der Cashflows wird benötigt, um in jene Kapitalquellen zu reinvestieren, die erforderlich sind, um die Produktion und die Ergebnisse aufrechtzuerhalten. Um deshalb einen Wert für den Cashflow zu erhalten, ist die Korrektur der Nettoeinnahmen um die nicht monetären Ausgaben nur ein Schritt. Ein zweiter Schritt korrigiert diese Zahl um die wahrscheinlichen künftigen Bindungen von Barmitteln in Kapitalausgaben.

Nehmen wir an, ein Unternehmen erzielt Einnahmen in Höhe von einer Million Dollar. Ein Teil der verbuchten Ausgaben, aus denen dieser Betrag erwirtschaftet wird, besteht aus nicht monetären Nettobelastungen in Höhe von 200.000 Dollar. Der Cashflow beträgt somit 1,2 Millionen Dollar. Dies ist der erste Schritt. Dann muss diese Zahl korrigiert werden, um den Betrag an Barmitteln zu reflektieren, den das Unternehmen benötigen wird, um sein Anwesen, die Fabrik und die Fertigungsanlagen ausreichend zu unterhalten und so die Geschäftstätigkeit aufrechterhalten zu können. Gehen wir davon aus, dass diese Zahl entweder 0,1 Millionen Dollar oder 0,3 Millionen Dollar beträgt. Nach der Korrektur liegt der Cashflow nunmehr bei 0,9 Millionen Dollar oder 1,1 Millionen Dollar. Dies ist das Endergebnis - es kann als freier Cashflow bezeichnet werden. (Warren Buffett nennt dies den Gewinn der Eigentümer, um damit zum Ausdruck zu bringen, dass dies die freien Cashflows der Ergebnisse sind, die den Stammaktien zugerechnet werden können.)

Viel zu oft versäumen es die Analysten, diesen zusätzlichen Schritt zu gehen, der die wahrscheinlichen Kosten der notwendigen Reinvestitionen erfasst und den Cashflow korrigiert. Für diese Analysten wäre es besser, sich einfach an die Nettoeinnahmen zu halten. Immerhin, die nicht monetären Belastungen auf die Gewinne, die den Nettoerlös erwirtschaften, sollen mindestens zum Teil als Stellvertreter fungieren, um die erforderlichen Reinvestitionen bestimmen zu können. In diesem Beispiel betragen die von der Buchführung erfassten nicht monetären Belastungen 0,2 Millionen Dollar und stellen eine ebenso vernünftige Schätzung der erforderlichen Reinvestitionen unter Einsatz von Barmitteln dar, wie die getrennten Schätzungen von entweder 0,1 Millionen Dollar oder 0,3 Millionen Dollar. Doch ist es für das Value-Investing entscheidend, sich auf diese Zahl zu konzentrieren.

Trotz dieser Punkte zum Casflow ist der am weitesten verbreitete Bewertungsansatz, der die Cashflows betont, sauber und einfach. Man nennt diese Vorgehensweise die Analyse der abgezinsten Cashflows (DCF = discounted cash flow). Diese Methode bietet aber auch eine Reihe von Wahlmöglichkeiten, zwischen denen ein Analyst sich entscheiden muss.

Cashflows können auf verschiedene Art und Weise gemessen werden. Die wichtigsten Beispiele sind die operativen Einnahmen (EBIT = earnings before interest and taxes) und die operativen Einnahmen zuzüglich der nicht monetären Kosten für Abschreibung und Amortisation (EBITDA). Anhänger der Bewertungsanalyse mithilfe der abgezinsten Cashflows benutzen selten Größen aus dem Rechnungswesen, etwa operative Einnahmen.

Wenn die Cashflows unter Anwendung einer dieser Maßstäbe festgelegt sind, bestimmt die Bewertungsmethode der abgezinsten Cashflows diese für einen mittleren Zeitraum, meist für fünf bis zehn Jahre. Diese Bestimmung umfasst die Untersuchung einer Reihe von Leistungsvariablen, die den Cashflow bewegen, hauptsächlich der Umsatz, die Gewinnspanne und die erforderlichen Reinvestitionen in das Unternehmen durch Kapitalausgaben. Nachdem die Cashflows prognostiziert wurden, zinst diese Methode den geschätzten Betrag um eine Quote ab, die die Kapitalkosten des jeweiligen Unternehmens während dieses Zeitraums reflektieren soll. Das abgezinste Ergebnis eines jeden Jahres wird zu den anderen addiert, um einen vorläufigen Wert für die nächsten fünf oder zehn Jahre zu erhalten.

Für die Cashflows, die den mittelfristigen Zeitraum überschreiten, bestimmt ein nächster Schritt den weiteren Zufluss an Barmitteln auf Dauer, jedoch mit einer konstant steigenden Quote. Dies erfolgt in der Regel dadurch, dass der Cashflow des vergangenen Jahres bestimmt und mit einer festgelegten Größe multipliziert wird, um den auf Dauer anzunehmenden Betrag zu erhalten. Diese Größe wird durch die Relation zwischen der angenommenen Wachstumsrate und den relevanten Kapitalkosten für diese Zeit in der Zukunft berechnet. Sie beträgt eins, dividiert durch die Differenz zwischen diesen beiden Quoten – und so wäre der Multiplikator bei Kapitalkosten von zehn Prozent und einer Wachstumsrate von fünf Prozent gleich 20 (1/(10 % –5 %).

Der mathematische Weg ist elegant, einfach, oberflächlich gesehen wissenschaftlich und anscheinend objektiv. Die Rohdaten werden ebenfalls einfach, jedoch im Wesentlichen kunstvoll und tatsächlich subjektiv bestimmt. Unterstreichen wir noch einmal die Bestandteile: Cashflows für fünf bis zehn Jahre bestimmt, Cashflows auf Dauer, Abzinsungsraten, die über den Zeitraum von zehn Jahren hinausgehen, und dazu eine anhaltende Wachstumsrate.

Das Bestimmen und Abzinsen ist dazu gedacht, die Unwägbarkeiten der Zukunft einzurechnen, indem bei der Bestimmung der Cashflows die Widrigkeiten durch den Wettbewerb, die Technologie, das Auslaufen von Patenten, die Deregulation, die Globalisierung und andere Überraschungen berücksichtigt werden. Dazu gehört auch eine genaue Untersuchung von Faktoren wie Umsatz, Gewinnspannen und Kapitalausgaben. Gleichermaßen soll die Diskontrate (Abzinsungsrate) die Auswirkungen der Kapitalkosten in langfristigen Kapitalmärkten berücksichtigen, ebenso die Gier der Gläubiger nach Wertpapieren des Unternehmens und ähnliche zugrunde liegende Risiken. (Diese werden im nächsten Kapitel besprochen.)

Doch all diese Variablen sind, entsprechend ihrer Definition, unbekannt, unsicher und schwierig zu quantifizieren. In der Mathematik führen winzige Unterschiede in den Annahmen zu deutlichen Unterschieden bei den Ergebnissen. Zu den wichtigsten Komponenten des sich aus diesem Modell ergebenden Wertes zählt der Wert, der zum Ende des Zeitraumes angesetzt wird (also das Element, das für die Dauer jenseits der fünf oder zehn Jahre gilt). Die Ableitung dieses Wertes ist eine Funktion der angenommenen Wachstumsrate und der angenommenen Kapitalkosten. Bei Schätzungen von zehn und fünf Prozent ist der Multiplikator, wie schon gesagt, gleich 20. Justieren Sie diese, und es ergibt sich eine enorme Spannweite.

Dennoch ist das Modell der Bewertung nach dem abgezinsten Cashflow heute am weitesten verbreitet. Einige Value-Investoren benutzen es, zumindest teilweise. Andere mögen es überhaupt nicht. Beide Gruppen sehen stattdessen auf das Anlagevermögen und die Gewinne, die als zuverlässiger gelten als die Cashflows, um mit der Bewertung zurechtzukommen.

7 Abzinsungsraten

Die Entscheidung für eine angemessene Abzinsungsrate (oder angemessene Kapitalkosten) ist erforderlich, um den Gegenwartswert zu ermitteln, ganz gleich ob durch aktuelle Gewinne oder ein verfeinertes Modell des abgezinsten Cashflows. Die Abzinsungsrate muss den Zeitwert von Geld reflektieren und auch die besonderen Risiken, die mit einem speziellen Unternehmen einhergehen. Eigenkapital ist riskanter als Schulden, und deshalb wird die Abzinsungsrate für ein bestimmtes Unternehmen ein wenig über den vorherrschenden Quoten liegen, zu denen bestehende Schulden abgezinst werden. Die Entscheidung »um wie viel höher« ist eine Herausforderung.

Im Prinzip sollten Sie sich die Abzinsungsrate als Rendite vorstellen, die ein informierter Investor verlangt, damit er in ein bestimmtes Unternehmen investiert. Ein risikoreiches Unterfangen würde auch eine entsprechend hohe Abzinsungsrate zusichern, eine sichere Sache hingegen eine Rate, die wahrscheinlich dem Zeitwert des Geldes entspricht. Die sichersten Investitionen in der derzeitigen Kapitalanlage sind (nicht nur in den USA) Staatsanleihen. Diese sind mit einer risikolosen Rate ausgestattet.

Angemessene Abzinsungsraten der meisten Unternehmenspapiere nehmen die Staatsanleihen zum Ausgangspunkt und fügen dem ein weiteres Element hinzu. Im Folgenden werden zwei alternative Ansätze vorgestellt, über die man nachdenken und sich auf eine angemessene Abzinsungsrate festlegen kann. Eine ist eher traditionell, die andere stammt aus der modernen Finanztheorie.

Der Ansatz des Value-Investings zu Risiko und Raten

Die »risikolose Rate« kann durch einen Vergleich mit Staatsanleihen bestimmt werden. Staatsanleihen der amerikanischen Regierung gelten als das geringste Kreditrisiko der Welt, weil die Verpflichtung besteht, die Kredite bei Fälligkeit auf alle Fälle zurückzuzahlen. Somit werden die Renditen amerikanischer Staatsanleihen als Vergleichsmaßstab zur Bewertung aller anderen Anlagevermögen herangezogen, einschließlich Industrieanleihen und Aktien. Industrieanleihen bergen ein größeres Risiko als Staatsanleihen. Geht ein Unternehmen in Konkurs, so werden die Schulden vor den Stammaktien bezahlt. Deshalb stellen die Aktien eines Unternehmens ein größeres Risiko dar als die Anleihen.

Die Bestimmung eines risikofreien Zinssatzes erfordert eine Beurteilung auf der Grundlage verschiedener Faktoren. Zu diesen zählen das Ablaufdatum der Anleihe, ein Referenzdatum oder -zeitraum und die Quelle der Referenz. Mögliche Quellen sind der Zinssatz, der in einer Meldung des Unternehmens veröffentlicht wird. Dies ist nicht willkürlich, weil dieser Prozentsatz vom Unternehmen selbst für interne Zwecke verwendet wird und als hinreichend stimmig gilt, sodass er in Veröffentlichungen bekannt gegeben werden kann. Andere verwenden Anleihen mit einer Laufzeit von 30 Jahren, um damit die langfristigen Charakteristika einer Investition in ein Unternehmen darzustellen.

Wenn man ein Unternehmen als laufenden Betrieb beurteilt und die täglichen, wöchentlichen oder monatlichen Bewegungen im Markt der Staatsanleihen verfolgt, dann kommt noch eine verzerrende Volatilität der Bewertung hinzu. Der Unternehmenswert bewegt sich nicht im Gleichschritt mit den täglichen oder sogar monatlichen Bewegungen der Renditen der (amerikanischen) Schatzanleihen. Man kann diese Empfindlichkeit gegenüber kurzfristigen Veränderungen der Renditen von Schatzanleihen umgehen, wenn man die durchschnittliche Rendite beispielsweise des Vorjahres ansetzt.

Zur risikolosen Rendite wird ein Betrag hinzugerechnet, der die Risiken darstellen soll, die mit einem bestimmten Investment einhergehen. Dies ergibt die Abzinsungsrate, die anzuwenden ist, um den Gegenwartswert eines Anlagevermögens zu bestimmen. Bei einem Unternehmen, dessen Kapitalstruktur aus Schulden und Eigenkapital besteht, nennt man dies normalerweise den gewichteten Durchschnitt der Kapitalkosten (WACC = weighted average cost of capital). Es handelt sich dabei um die proportionalen Kosten der Schulden eines Unternehmens und der Kosten des Eigenkapitals, plus einer noch stärker gewichteten subjektiven Einschätzung, die von der Konzeption her identisch ist.

Die Eigenkapitalkosten entsprechen vom Grundsatz her den Kreditkosten, weil es dabei um dieselbe Frage geht: Was muss das Unternehmen bezahlen, um zur Investition anzuregen, gleichgültig, ob es sich dabei um Gläubiger oder Aktionäre handelt? Die Feststellung der Kosten des Eigenkapitals erfordert mehr Urteilsvermögen als jene der Kosten von Fremdkapital, weil es hier keine Ablauffrist gibt und auch keine festen Zinszahlungen (Dividenden werden vom Aufsichtsrat auf Empfehlung des Vorstandes der Aktiengesellschaft gebilligt und in der Hauptversammlung festgelegt).

Der wichtigste Vergleichswert ist, was andere Teilnehmer am Kapitalmarkt an Investoren ausschütten, um Eigenkapital zur Finanzierung von Vorhaben mit vergleichbarem Risiko anzuziehen. Um beispielsweise die Eigenkapitalkosten in risikoreiche Anlagen in Risikokapital zu bestimmen, könnte man die Renditen zu Rate ziehen, die Anlegern in Risikokapital in derartige Projekte angeboten werden. Bei Projekten mit geringem Risiko könnten gezeichnete zusätzliche Emissionen von Blue-Chip-Unternehmen untersucht werden.

In den meisten Fällen geht man so vor, dass man die Renditen bestimmt, die Anleger von Unternehmen verlangen, die gleiche Eigenschaften beispielsweise hinsichtlich Branche, Kapitalstruktur, Reifegrad, Größenordnung und Wettbewerbssituation aufweisen. Bei Unternehmen, die über lange Zeit hinweg Gewinne aufweisen können, sollte man von geringen Quoten ausgehen, vielleicht nur wenige Punkte über der risikolosen Rendite. Bei jüngeren und volatileren Unternehmen ist allerdings ein höherer Aufschlag erforderlich.

Die Bestimmung erfordert praktisches Urteilsvermögen auf der Grundlage von Wissen darüber, welche Vergütung Investoren erhalten, die vergleichbare unternehmerische und finanzielle Risiken eingehen. Welchen unternehmensspezifischen und finanziellen Risiken sind die Aktionäre ausgesetzt? Wie hoch ist die Verschuldung? Wie wahrscheinlich ist es, dass Investoren in Anleihen vor ihnen ausgezahlt werden oder dass hohe Schulden das Unternehmen in den Konkurs treiben? Wie ist es um die finanzielle Stärke des Unternehmens und seine Stellung in der Branche hinsichtlich der Marktanteile bestellt? Wird der Markt größer, oder verengt er sich? Ist noch ein den Wert steigernder Spielraum für Wachstum vorhanden?

Kurz gesagt: Zur Bestimmung der Risiken, die für die Abzinsungsrate relevant sind, muss man die gleichen Fragen stellen wie Value-Investoren, wenn sie ihren Kompetenzbereich definieren (darüber sprachen wir in Kapitel 3). Value-Investoren glauben, dass Risiken entweder aus einer Verzerrung in der Bewertung eines Unternehmens entstehen oder dass man von Anfang an zu viel für die Papiere bezahlt hat. Ein zu hoher Preis ist meist die Folge einer unangemessenen oder falsch verstandenen Analyse dieser Fragen. Die Möglichkeit, dass Kurs und Wert in keinem Verhältnis zueinander stehen, unterstellt ein Argument, das dem gesunden Menschenverstand entspringt: Hohe Aktienkurse, in Relation zu den Gewinnen, stellen eine mit einem hohen Risiko behaftete Kapitalanlage dar.

Die Vorstellung eines Value-Investors von Risiko unterscheidet sich von dem der modernen Finanztheorie, dem derzeit vorherrschenden Modell für die Definition von Risiko. Diese Theorie misst das Risiko, indem sie die Kursschwankungen als Stellvertreter für zugrunde liegende Veränderungen des Unternehmenswertes einsetzt. Zwar scheint dies sehr wissenschaftlich zu sein, doch in Wirklichkeit ist diese Theorie ebenso von Beurteilungen abhängig wie die traditionelle Methode. Sie setzt sich ebenfalls über den gesunden Menschenverstand hinweg: In diesem Modell hat die Tatsache, dass ein Aktienkurs in Relation zu den Gewinnen hoch oder niedrig ist, keinerlei Einfluss auf das Risiko. Trotz dieser Schwächen stellt diese weit verbreitete Methode insgesamt einen Gegensatz zum Value-Investing dar.

Der Ansatz der Portfolio-Theorie: Beta und Aufschläge

Die moderne Finanztheorie wendet das »Capital Asset Pricing Model« (CAPM) an, um die Abzinsungsraten für Aktien zu bestimmen. Die

Anwendung dieses Modells erfordert, dass zwei Größen angenommen werden, die zu einer risikolosen Rendite hinzukommen: Es gibt einen »Aufschlag für das Marktrisiko« und das »Beta«, eine Größe für die Volatilität einer Aktie, die von den Anhängern dieser Theorie als Indikator für Risiko angesehen wird. Der Fehler, den einige Analysten begehen, ist, zu unterstellen, dass es einen einzigen und genauen Maßstab für jede dieser Größen gibt. Jedoch ist jede dieser Variablen eine Schätzung, die von einer Beurteilung abhängig ist.

Die Variablen sind ebenso integriert, sodass Veränderungen in der einen Variablen auch bei der anderen Änderungen bewirken können. Wenn beispielsweise die risikolose Rendite steigt, dann hat dies zur Folge, dass der Aufschlag im Marktrisiko sinkt (Letzteres soll den Unterschied zwischen der risikolosen Rendite und dem erwarteten Gewinn bei Stammaktien messen). Die Notwendigkeit einer Beurteilung der Schätzung und der komplexen Zusammenhänge zwischen diesen Variablen bedeutet, dass eine kluge Analyse an mehreren vernünftigen Daten ansetzt (durch die Anwendung alternativer Methoden und das Anwenden alternativer Maße jeder Variablen).

Der »Aufschlag für das Marktrisiko« ist eine Vermutung auf der Grundlage dessen, welcher spezifischen Anreize es früher bedurfte, Anleger für diese Aktie zu interessieren und nicht für Staatsanleihen oder andere Anlagen. Die Vorstellung geht dahin, dass die Anleger eine spezifische Vergütung erhalten müssen, um die besonderen Risiken von Aktien zu tragen, weil sie ansonsten nicht in Aktien investieren würden.

Es ist üblich, Bücher mit entsprechenden Daten zu Rate zu ziehen, die von führenden Ökonomen veröffentlicht wurden, so wie beispielsweise das Buch, das von einer Firma veröffentlicht wurde, die von Roger Ibbotson, einem Professor der Universität von Yale, geführt wird, das Ibbotson & Sinquefeld Yearbook. Schwieriger ist es, die Daten selbst zu sammeln, was für Amateure einfach unmöglich ist. Doch ist es ganz nützlich zu verstehen, weshalb, und aus diesem Grund machen wir uns an diese Aufgabe.

Die Daten zum Marktrisiko können jederzeit minutengenau berechnet werden. Drei entscheidende Annahmen müssen getroffen werden, um den Aufschlag für das Marktrisiko zu bestimmen. Zuerst muss derjenige, der die

Bestimmung vornimmt, entweder historische Daten oder eine Größe für die künftige Performance auswählen. Zweiten muss er für diese Messung einen »Markt« definieren, etwa den Standard & Poor's 500, die New Yorker Börse (NYSE) als Ganze oder irgendeinen anderen Index.

Drittens beruht die Schätzung auf einem spezifischen Zeitraum. Zu den verschiedenen Alternativen zählen der Zeitraum ab dem Ende des 19. Jahrhunderts (als zum ersten Mal Marktdaten erhoben wurden) bis zu dem Zeitpunkt, zu dem die Rendite bestimmt werden soll; von 1926 (als die University of Chicago begann, eine Datenbank einzurichten, die den Vorteil haben sollte, einen vollen Wirtschaftszyklus aus der Zeit vor dem Börsenzusammenbruch von 1929 zu überblicken) bis hin zum Zeitpunkt der Bewertung der Rendite; die 30 Jahre vor der Renditebewertung (um die Konjunkturzyklen darzustellen, die relevantere unternehmensspezifische und finanzielle Risiken und deren Faktoren zeigen) oder spezifische ökonomische Bedingungen, die analysiert werden, wie etwa die ersten Jahre des neuen Jahrtausends.

Die Festlegung auf eine Größenordnung für den »Aufschlag für das Marktrisiko« wurde gegen Ende der 90er-Jahre sehr schwierig, weil jeder Versuch sehr flüchtig zu sein schien. Jeder Aufschlag, der einmal existierte – zum Beispiel im Zeitraum vor 1990 –, schwand gegen null, als der gewaltigste Bullenmarkt der Weltgeschichte Anleger auf den Plan rief, die keiner Einführung bedurften, um »mitspielen« zu können. Sogar treue Anhänger der modernen Finanztheorie jammerten während der 90er-Jahre über den schwindenden Nutzen des »Aufschlags für das Marktrisiko«.

Trotz dieser selbst unter ihren Fans wohlbekannten Tatsache hielten die Analysten an diesem Wissen fest, blieben diesen Benchmarks treu, etwa den neun Prozent, die auf den langfristigen historischen Gewinnen der Aktien beruhen, die bis in die 30er-Jahre zurückreichen. Andere reagieren auf ihr Bauchgefühl, dass dies mit höchster Wahrscheinlichkeit falsch ist, und legten sich auf sieben oder fünf Prozent oder noch weniger fest. Einige glauben, in den späten 90er-Jahren habe sich der reale Ertrag gegen null bewegt.

Eine Gruppe von Finanzwissenschaftlern traf sich Mitte des Jahres 2000, um ihre Maßeinheiten für den Aufschlag für das Marktrisiko vorzustellen. Es waren elf Teilnehmer. Ihre Einschätzungen des Aufschlags für das Marktrisiko waren: 0, 1 bis 2, 3, 3 bis 4, 4, 6, 6, und 8,1 Prozent, und drei Teilnehmer weigerten sich wegen der Ungewissheit und der Unzuverlässigkeit dieses Konzepts, eine Vermutung abzugeben.

Gründe für den Rückgang sind sehr starke Kräfte, etwa dass viele amerikanische Investoren sich nunmehr langfristig orientieren, dass die Effizienz der (amerikanischen) Unternehmen sich erhöhte, die Steuerpolitik und das Währungsmanagement verbessert wurde, dass der Kapitalismus sich auf der ganzen Welt verbreitete, der Wohlstand zunahm oder dass die wirtschaftlichen Grundlagen weniger volatil wurden (*siehe Tabelle 7.1*).

Das Value-Investing und die Portfolio-Theorie bestimmen die Abzinsungsraten, indem ein Betrag zur risikolosen Rendite addiert wird, die durch langfristige Staatsanleihen festgelegt ist. Die Portfolio-Theorie verwendet das Produkt aus dem Aufschlag für das Marktrisiko und des Beta des fraglichen Unternehmens. Das Value-Investing stellt die scheinbar wissenschaftliche Qualität dieses Vorgehens in Frage und favorisiert eher von Beurteilungen abhängige, jedoch bewusste Feststellungen des damit verbundenen Risikos.

Das Beta soll zeigen, welcher Teil eines »Aufschlags für das Marktrisiko« für die Aktie eines bestimmten Unternehmens besteht. Es bestimmt diese Komponente der Festlegung der Abzinsungsrate für eine Aktie eines Unternehmens, indem es verschiedene Annahmen trifft, um die Kursbewegungen dieser Aktie mit denen der gesamten Börse oder eines Börsenindex wie dem S&P 500 zu vergleichen.

Eine Aktie, deren Kurs volatiler ist als der Durchschnittskurs des Gesamtmarktes, wird als »riskanter« angesehen als eine Aktie, deren Kurs weniger Schwankungen aufweist als der Gesamtmarkt. Multipliziert man die-

	Value-Investing	**Portfolio-Investing**
Grundlage	Langfristige Staatsanleihen	Langfristige Staatsanleihen
zusätzlich	Risikobestimmung (bewusste Beurteilung)	Aufschlag für das Marktrisiko x Beta (scheinbar wissenschaftlich)

Tabelle 7.1 Bestimmung der Abzinsungsrate

ses Maß für die Kursvolatilität mit einem »Aufschlag für das Marktrisiko«, dann wird damit das unterschiedliche Risiko der untersuchten Aktie ausgedrückt. Das Ergebnis wird zur risikolosen Rendite addiert, um die Abzinsungsrate zu erhalten.

Das Beta ist nur dann von Nutzen, wenn die Aktienkurse des betreffenden Unternehmens und alle Komponenten des Marktes oder eines Marktindex eine Folge des Verhaltens der Anleger sind, das insgesamt rational ist. Solche Bedingungen der »Markteffizienz« sind zuweilen auf einige Unternehmen, Märkte oder Marktsegmente anzutreffen. Doch in der Regel herrschen diese Bedingungen nicht vor. So lassen beispielsweise die Kursbildung durch den Markt und die Volatilität der späten 90er-Jahre vermuten, dass diese Bedingungen seinerzeit nicht vorlagen. Einige Unternehmen werden zu Kursen gehandelt, die unter ihrem intrinsischen Wert liegen - die wichtigste Behauptung des Value-Investing. Zahlreiche andere Mängel haften dem Beta an, was in der neueren Literatur der letzten Jahrzehnte belegt wird: Sie spricht von einem abnehmenden Nutzwert.

Der allgemeine Glaube an das Beta erfordert auch den allgemeinen Glauben daran, dass es effiziente Märkte gibt. Doch der Glaube an effiziente Märkte bedeutet, dass der Aufschlag für das Risiko der Aktie negativ, gleich null oder fast null war - und das ist die einzige Möglichkeit dafür, dass die Ende der 90er-Jahre vorherrschenden hohen Kurse Sinn machen, wenn die Märkte effizient sind. Nach dem »Capital Asset Pricing Model« (CAPM) unterstellt ein Aufschlag für das Marktrisiko gleich null eine Abzinsungsrate, die jener risikoloser Renditen gleicht. Doch dies ist ein eigenartiges Ergebnis, das den gesunden Menschenverstand außer Acht lässt, der davon ausgeht, dass Aktien riskanter sind als Staatsanleihen.

Wir sind nun wieder am Ausgangspunkt: Die Feststellung angemessener Abzinsungsraten für Aktien erfordert ein Urteil darüber, um wie viel riskanter ein bestimmtes Unternehmen im Vergleich zu den risikolosen Benchmarks der Staatsanleihen ist. Die moderne Finanztheorie geht davon aus, dass der Gewinn in Korrelation zum Risiko steht - man bekommt, wofür man bezahlt. Das Value-Investing versteht den Gewinn als abhängig vom Aufwand - man bekommt, was man verdient.

simplified

8 Börsenkurse

Das Value-Investing funktioniert, wenn die Aktienkurse um den Unternehmenswert schwanken. Nur dann können Aktien mit einem Abschlag auf den Unternehmenswert gekauft werden (oder mit einem Aufschlag verkauft werden). Value-Investoren sind überzeugt, dass an den Börsen die Aktienkurse so gebildet werden, dass derartige Lücken entstehen können. Grahams Metapher beschreibt dieses Verhalten als die fiktive Figur des Mr. Market und sieht das Marktgeschehen als kollektives psychologisches menschliches Verhalten, das Zeiten von übertriebenem Optimismus und übertriebenem Pessimismus ausgesetzt ist. Dieses Konzept ergibt mehrere Erläuterungen, was Value-Investing eigentlich ist.

Bestimmungsfaktoren

Zahlreiche komplexe Faktoren beeinflussen die Börsenkurse. Graham definierte zwei Kategorien: Spekulation und Investition. Spekulative Faktoren sind der Dschungel der Börsen; sie schließen technische Aspekte des Handels an den Börsen ein, aber auch manipulative und psychologische Aspekte. Faktoren der Investition beziehen sich auf die Bewertung, insbesondere auf das Erfassen von Finanzdaten, zu denen Gewinne und Anlagevermögen zählen *(siehe Abbildung 8.1)*.

Faktoren, die Charakteristika der Börsen und Bewertungen aufweisen – von Graham als Wertfaktoren der Zukunft bezeichnet –, sind die Qualität des Managements, die Wettbewerbsbedingungen und die Aussichten der Unternehmen bezüglich Umsatz und Gewinn. All diese Faktoren werden durch die Lupe des Verhaltens der Anleger gefiltert, was zu Anlageentscheidungen, zu Geld- und Briefkursen an den Börsen, führt. Das Ergebnis ist der Börsenkurs.

Der Grundgedanke, dass jeder das Resultat dieses Vorgangs prognostizieren kann oder sich Kurse ergeben, die dem Wert entsprechen, ist weit her-

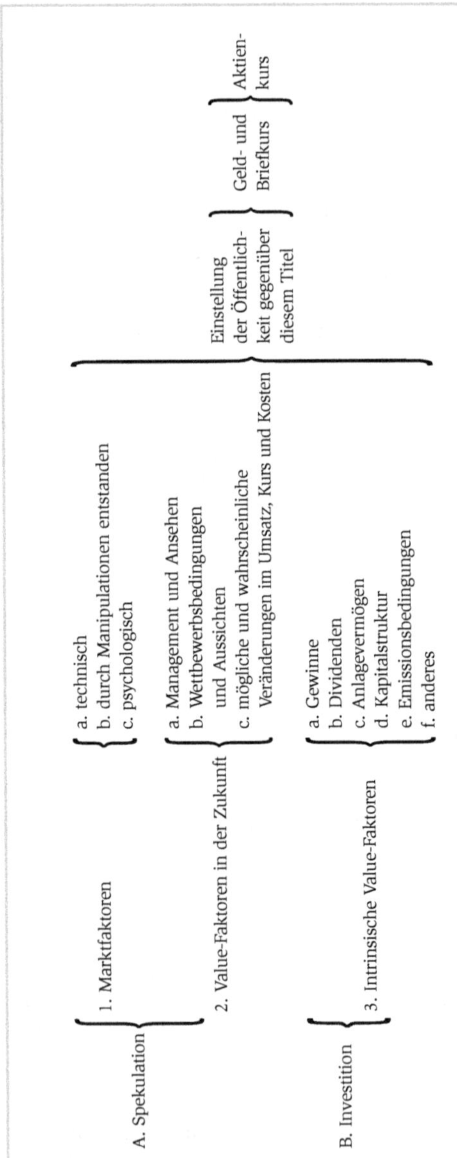

Quelle: Benjamin Graham & David L. Dodd, Security Analysis (2. Aufl. 1940), Seite 27

Abbildung 8.1 Grahams Darstellung der Beziehung zwischen dem intrinsischen Wert und dem Aktienkurs

geholt. Das Value-Investing sieht im Versuch, die Emotionen an der Börse zu messen, eine reine Zeitverschwendung. Value-Investing konzentriert sich in erster Linie auf den Unternehmenswert, nicht auf den Aktienkurs.

Weil Value-Investoren das Unternehmen selbst für wichtiger halten als dessen Aktienkurs, wissen sie genau, dass der Besitz einer Aktie so viel bedeutet wie das Miteigentum an einem laufenden Betrieb. Diese mentale Einstellung fördert die Disziplin, die notwendig ist, um den Kompetenzbereich abzustecken, Finanzanalysen vorzunehmen und die Wert-Kurs-Relation zu erstellen. Überall zugängliche Daten zu Börsenkursen machen es den Aktienbesitzern schwerer zu verstehen, dass sie zu den Eigentümern eines Unternehmens zählen, wodurch disziplinierte Analysen schwieriger werden.

Der einzige Grund, die Emotionen am Markt in Betracht zu ziehen, liegt darin, dass in Zeiten wirtschaftlicher Hoffnungslosigkeit und Missstimmung an den Märkten die Chancen auf eine erfolgreiche Aktienauswahl steigen. Dazu tragen drei Faktoren bei: (1) Es gibt wahrscheinlich mehr Unternehmen, die unter ihrem Wert gehandelt werden; (2) es gibt wahrscheinlich weniger Anleger, die sich als Konkurrenten in das Dickicht wagen; und (3) die Medien und der behördliche Druck neigen dazu, qualitativ hochwertiges Management und eine konservative Rechnungslegung zu begünstigen.

Bemerkungen zum Aktienkurs

Der am häufigsten zitierte Maßstab bei Diskussionen um Stammaktien ist ihr Kurs-Gewinn-Verhältnis (KGV). Es zeigt die Relation zwischen dem, was eine Aktie kostet, und dem Gewinn, der erzielt wird. Viele Leute glauben fälschlicherweise, dass Value-Investing nur daraus besteht, Unternehmen zu finden, die ein geringes KGV aufweisen. Doch nicht alle Aktien mit niedrigem KGV sind gute Investitionen, und umgekehrt sind nicht alle Aktien mit einem hohen KGV schlechte Investitionen. Value-Investoren sehen das KGV auch nicht als aufschlussreiches Maß zur Wertbestimmung an, obgleich es als Test dahingehend, dass man nicht zu viel bezahlt, sehr nützlich sein kann.

Das KGV kann wie ein Sieb benutzt werden. Graham vermied es, Aktien zu kaufen, wenn der Kurs nicht das niedrigste KGV der letzten fünf Jahre aufwies. Er verlangte auch eine Gewinnrendite, die im Vergleich (aktuelle Gewinne dividiert durch den Kurs) mindestens doppelt so hoch war wie die von hochwertigen Industrieanleihen. Andere Value-Investoren behielten dieses Vorgehen bei: Es schützt vor den Launen der Börse. Der Markt könnte Recht haben, doch dieser Ansatz begrenzt die Gefahr für den Value-Investor, dass der Markt sich irrt.

Value-Investoren widerstehen der Versuchung, das KGV als Ersatz für eine traditionelle Bewertungsanalyse zu verwenden. Dies steht im Widerspruch zu den Anhängern einer Bewertung mit Hilfe einer reinen Analyse des abgezinsten Cashflows (DCF). Wenn die Ergebnisse der Letzteren einen weiten Bereich plausibler Bewertungen aufweisten, dann berufen sie sich oft auf die KGVs vergleichbarer Unternehmen als eine Möglichkeit, den Bereich einzuengen.

Dieser Ansatz vergleicht den Kurs ähnlicher Unternehmen zu ihren jeweiligen Cashflows (Kurs/Cashflow, P/CF = price/cash flow). Nehmen wir an, das P/CF eines vergleichbaren Unternehmens ist zehn (unterstellt werden ein Kurs von 20 Dollar und ein Cashflow von zwei). Diese Kennzahl wird dann auf das entsprechende Unternehmen angewandt. Nehmen wir an, der Cashflow liegt hier bei drei. Der implizite, auf Vergleichen beruhende Wert ist dann 30. Ob dies weiterhilft, ist nicht sicher. Das Bemühen ist ausschließlich von der Qualität der Kurse des vergleichbaren Unternehmens abhängig. Zwar wenden viele Finanzprofis diese Technik an, doch die meisten Value-Investoren halten sie nicht für nützlich.

Value-Investoren betrachten den Geschäftsbericht und die Bilanz als Informationsquellen, wenn es um den Wert eines Unternehmens geht. Diese Quellen sind den am Markt orientierten Hilfsmitteln wie dem KGV aus zwei Gründen überlegen: Erstens erfasst der Gewinn auf das Eigenkapital das volle Bild der Rechnungslegung, einschließlich der Verbindlichkeiten und des Eigenkapitals, während das KGV die Gewinne von der Bilanz trennt. Zweitens ist der Gewinn auf das Eigenkapital eine intrinsische oder interne Bewertungsmethode, während KGVs Ergebnisse des Marktes oder externer Bewertungsvorgänge sind. Die Maßstäbe, die der Markt anlegt, sagen dem Value-Investor mehr über Grahams Mr. Market als über den intrinsischen Wert.

Rationales Nachdenken über irrationale Kursgestaltung

Depressive Investoren verursachen an der Börse depressive Aktienkurse. Der Verkaufsdruck steigt und treibt die Kurse abwärts. Investoren, die Verluste nicht ertragen können, geben schnell auf, und die weniger furchtsamen Anleger erliegen dem Druck bald darauf. So entsteht eine Abwärtsspirale.

Value-Investoren meiden diese Szenarien, weil sie eine klare Vorstellung ihrer Aversion gegenüber Verlusten aufbauen. Nur wenn sie diese Charakteristika wirklich erkannt haben, begeben sie sich in die bewegten Gewässer der Aktienauswahl.

Um die eigene Aversion gegenüber Verlusten zu verstehen, sollte man sich bewusst machen, dass die meisten Menschen den Schmerz eines Verlustes wesentlich stärker erleben als die Freude an einem Gewinn. Im Durchschnitt empfinden die Menschen Verluste um das 2,5fache stärker als Gewinne. Je höher die Aversion gegenüber Verlusten ist, umso größer ist der Reiz des Value-Investings. Für die meisten Investoren, die Verluste überhaupt nicht ertragen können, ist das Value-Investing die beste Wahl. (Graham übrigens konnte Verluste überhaupt nicht vertragen.)

Die Angst vor dem Verkauf

Wenn alle anderen Marktteilnehmer verkaufen, stellt sich Anlegern die Frage, ob sie sich der Meute anschließen sollen. Value-Investoren antworten darauf mit einem Nein, doch die bessere Frage ist, wann man verkaufen soll. Value-Investoren setzen die Bedingungen für einen Verkauf bereits zu dem Zeitpunkt, zu dem sie die Aktie kaufen. Ihre Einstellung beim Kauf ist es, Aktien auszuwählen, die als letzte die Kriterien erfüllen, um sie wieder zu verkaufen.

Unternehmen verändern sich jedoch, und wenn sie an Wert verlieren, sollten ihre Aktien verkauft werden, ebenso wie auch ein Firmeneigentümer womöglich die Entscheidung treffen muss, seinen Laden dicht zu machen.

Wenn sie Aktien auswählen, dann legen Value-Investoren genau fest, was ein Wertverlust bei einem Verkauf bedeutet. Der logische Zusammenhang ist ganz einfach: Die gleichen Faktoren, die zur Aktienauswahl verwendet wurden oder dafür, bestimmte Aktien zu meiden, werden angewandt, um zu entscheiden, welche Aktien wann verkauft werden sollten.

Verkäufe sind angebracht, wenn die wichtigsten Faktoren, die den Ausschlag für den Kauf einer Aktie gaben, nicht mehr vorhanden sind. Hier eine kurze Zusammenfassung dieser Faktoren:

unternehmensinterne Faktoren: zweifelhaftes Verhalten des Managements, vage Veröffentlichungen oder komplexe Rechnungslegung, starke Aktivitäten hinsichtlich Unternehmenszusammenschlüssen, verwirrende Entlohnungssysteme für das Management.

unternehmensexterne Faktoren: verstärkte neue Konkurrenz, aufkommende technologische Innovationen, Deregulation, abnehmender Umschlag der Lagerbestände und der offenen Rechnungen.

wirtschaftliche Faktoren: sinkende Gewinnspannen; abnehmende Rendite auf das Eigenkapital, auf das Anlagevermögen und auf Investitionen; im Verhältnis zum Eigenkapital steil steigende Verschuldung; Minderung der Liquidität zweiten und dritten Grades.

Value-Investoren verkaufen nicht, wenn es nur vorübergehend schlechte Nachrichten gibt. Einbußen bei der Gewinnspanne in einem Quartal sollte Fragen aufwerfen, aber nicht zu Verkaufsaufträgen führen. Nur wenn Nachforschungen tiefer gehende Probleme ans Tageslicht bringen, könnte dieser Zustand von Dauer sein, und dann sollte man auch verkaufen. Eine stetige Wertminderung verlangt mehr Beweise.

Wenn man im Zweifel ist, ob eine Wertminderung nur vorübergehend oder von Dauer ist, dann sollte das Value-Investing auch eine Absicherungsstrategie beinhalten. Das heißt, man sollte einige, aber keinesfalls alle Aktien eines Unternehmens abstoßen.

Niemals werden Value-Investoren allein deshalb verkaufen, weil die Kurse fallen. Sie brauchen Beweise, die mit dem abnehmenden intrinsischen Wert in Beziehung stehen. Schwankungen der Aktienkurse sind zu unbeständig, als dass sie eine derart wichtige Entscheidung beeinflussen sollten.

Im Fall einer schon festgelegten Verkaufsstrategie, etwa wenn der Kurs eine bestimmte Höhe erreicht hat, verfolgen viele Value-Investoren die gleiche gemischte Strategie, die angewendet wird, wenn man unschlüssig ist, ob eine Entwicklung dauerhaft oder nur vorübergehend ist: Sie verkaufen etwas, aber nicht alles.

Der Wert der Kontrolle

Diskussionen um das Value-Investing beginnen unweigerlich mit der Anmerkung, dass der intrinsische Wert gleich dem abgezinsten Wert der künftigen Cashflows eines Anlagevermögens ist, ohne dass man sich damit aufhält, den Wert des Anlagevermögens zu definieren. Dieser Vorgang ist bei Anlagen wie Staatsanleihen, einem Pizza-Laden in Privatbesitz oder einer Goldmine relativ einfach. Bei Stammaktien ist das Ganze schon ein wenig schwieriger.

Im Falle von Stammaktien ist das Anlagevermögen entweder das Unternehmen als solches oder die entsprechende Aktie. Der Unterschied betrifft den Wert der Kontrolle, wenn man 100 Prozent der Aktien besitzt, im Vergleich zum Besitz einer einzelnen Aktie oder einer Minorität der Aktien.

Ein mittelgroßes Unternehmen mit einer Million im Umlauf befindlichen Aktien könnte 100 Millionen Dollar überschüssige Barmittel in diesem Jahr abwerfen. Jede Aktie hat somit theoretisch einen Anspruch auf 100 Dollar. Dies könnte die Grundlage sein für die Bewertung des diesjährigen Eigentums an diesem Unternehmen. Doch Investoren, die Interesse zeigen, das ganze Unternehmen zu kaufen, werden mehr als 100 Millionen Dollar bieten. Unter Berücksichtigung der Einsprüche von Aktionären, die nur eine Minderheit am Unternehmen halten, werden Gerichte oft einen entsprechenden Aufschlag hinzufügen.

Die Märkte neigen dazu, für einzelne Aktien Kurse festzulegen, als wären sie Minoritätsanteile. Um eine Aktie zu bewerten, ist es deshalb notwendig, sowohl das Unternehmen als Ganzes als auch die einzelne Aktie zu bewerten. Der Kurs muss dann mit beidem verglichen werden. Das Ergebnis könnte sein, dass das Unternehmen 100 Dollar wert ist, während der Aktienkurs bei 90 Dollar liegt. Das bedeutet nicht automatisch, dass das Unternehmen unter dem Kurs bewertet wird und deshalb eine Möglichkeit zum Value-Investing darstellt. Beim Handel an der Börse entwickelt sich ein eingebauter Abschlag.

Deswegen ist eine größere Sicherheitsspanne angebracht. Dies ist einer von vielen Faktoren, die hinter Grahams Prinzip der Sicherheitsspanne standen. Allerdings bildete sich, seitdem Graham als Erster diese Methode angewandt hatte, ein gut entwickelter Markt für Unternehmensübernahmen. Investoren, die ein komplettes Unternehmen kaufen wollen, sind bereit, hohe Kursaufschläge zu bezahlen und den Einzelanlegern eine ansehnliche Prämie zukommen zu lassen.

Einige Value-Investoren sehen Übernahmeerwartungen als Katalysatoren, um aus einer Investition Werte zu realisieren. Für Privatanleger ist das Wetten auf Übernahmen allerdings noch schwieriger als die übliche Gewohnheit, Unternehmen mit einem besonderen Firmenwert zu Kursen zu suchen, die auch noch eine Sicherheitsspanne bieten.

simplified

9 Betrug und Phantasie

In den späten 90er-Jahren verbrannten sich alle Anleger die Finger – alle außer den Value-Investoren: Sie erzielten in den frühen 90er-Jahren eine vernünftige Performance. Zu den Investoren, die sich von der Aktienblase zum Narren machen ließen, zählten die Momentum-Investoren, Wachstums-Investoren, Index-Investoren und die Portfolio-Investoren der modernen Finanztheorie. Value-Investoren meiden Betrug und Phantasien, die Kräfte also, die gemeinsam zur Entstehung von Finanzblasen beitragen. Dies gelingt, weil sie sich auf die Grundlagen konzentrieren: auf die Bilanzanalyse und auf verlässliche Daten zu Gewinnen und zur Eigenkapitalrendite. Sie erliegen nicht den Machenschaften, die die Aufmerksamkeit auf andere Maßstäbe und Gerüchte lenken, die mit der aktuellen messbaren Performance nichts zu tun haben. Krasse Beispiele aus den späten 90er-Jahren und den ersten Jahren des neuen Jahrtausends haben sich als sehr lehrreich erwiesen.

Die ungestümen späten 90er-Jahre

Die späten 90er-Jahre rühmten sich einer wirtschaftlichen Expansion und einer technologischen Innovation in einer Größenordnung, die in einer Generation nur einmal vorkommt. Außerordentliche Veränderungen wurden durch die Ausbeutung von Technologien initiiert, die den weltweiten Einsatz des Internets und die starke Ausweitung der Infrastruktur für Telekommunikation ermöglichten. Hier ein Beispiel für diesen Umbruch: Im Jahr 1996 benutzte kaum jemand E-Mails, und nur eine Minderheit verwendete mobile Telefone (Handys). Im Jahr 2000 hingegen benutzte die Mehrheit der Menschen beides regelmäßig.

Solch aufregenden finanziellen Zeiten laden unweigerlich Millionen von Menschen, denen die wirtschaftlichen Kenntnisse fehlen, aber auch solche, denen es an jeglichen moralischen Skrupeln mangelt, zu Investitionen ein. Diese Kombination bildet und unterstützt Übertreibungen echter Errungenschaften und die Verschleierung von Rückschlägen. Deutet man Alan Greenspans, des Vorsitzenden der amerikanischen Notenbank, Diagnose dieser Epoche so gibt es Nachfrage- und Angebotskurven für Phantasien, die aus falscher Rechnungslegung entstehen und sich dort kreuzen, wo irrationale Übertreibung auf ansteckende Gier trifft. Nur Value-Investoren erkennen diese Verzerrungen.

Die Halluzinationen der späten 90er-Jahre endeten in den ersten Jahren des neuen Jahrtausends, als Anleger, die dem Prinzip des Value-Investings nicht folgten, letztlich erkannten, dass sich eine Finanzblase gebildet hatte und die Kurse in den Keller gingen. Die Entwirrung von Enron Corp., einem direkten Produkt der Finanzphantasien dieser Zeit, begann im Jahr 2001, eskalierte im Jahr 2002 und schürte damit die bereits bestehende Angst vor der Börse. Als der Schwindel bei Enron aufflog, wurde auch ein Buchhaltungsdesaster bei Global Crossing, Ltd., aufgedeckt. Dubiose Finanzberichte, die ein weites Spektrum von Vorgängen und Verfahrensweisen betrafen, tauchten beim Liebling der Telekommunikationsbranche auf.

Eine ganze Welle von – gemeldeten – Unternehmenskatastrophen folgte Mitte des Jahres 2002, darunter auch bei WorldCom Inc. und Qwest Communications International Inc. Andere Geschichten von Missbräuchen im Rechnungswesen schafften es auf die Titelseiten der Zeitungen und wurden im Radio und in Fernseh-Talkshows mit längeren Beiträgen bedacht. Zu diesen Unternehmen gehörten auch so bekannte Firmen wie AOL Time Warner Inc., Rite Aid Corp. und Xerox Corp.

Es ist kein Zufall, dass zwei bemerkenswerte Charakteristika jedes dieser vier Skandalunternehmen – Enron, Global Crossing, Qwest und WorldCom – auszeichneten und dafür sorgten, dass sie in keinem Portfolio von Value-Investoren zu finden waren. Erstens handelte es sich um neue Unternehmen: WorldCom war 1995 an die Börse gegangen, Global Crossing und Qwest 1997, und Enron entwickelte sich zwischen Mitte und Ende der 90er-Jahre von einem schwerfälligen Erdgasunternehmen zu einem Unternehmen, das sich mit Breitbandverkabelung und Risikomanagement befasste.

Zweitens fallen diese vier Unternehmen (die »großen vier Betrüger«) auf, weil sich ihre Übergriffe im Rechnungswesen den enormen Appetit der

Investoren zunutze machten. Mit ihrem Verhalten unterdrückten sie die Bedeutung der Bilanzdaten, stellten die Wertschätzung der Pro-forma-Geschäftsberichte über die Gewinnrechnung nach den allgemein anerkannten Richtlinien des Rechnungswesens (GAAP) und missachteten die Bedeutung der Abschreibungen als Ersatz für erforderliche Reinvestitionen. Die Fehler in der Geschäftsführung dieser Unternehmen spiegeln die Schwäche jener Anleger wider, die offenbar an Märchen glaubten. In *Tabelle 9.1* finden Sie eine Zusammenfassung.

Die »vier großen Betrüger« der späten 90er-Jahre hatten zwei einzigartige Eigenschaften gemeinsam: Die Unternehmen waren neu, und alle verfolgten eine aggressive Rechnungslegung, die das vorherrschende Gefühl der Anleger reflektierte und ausbeutete.

Die Machenschaften der »vier großen Betrüger« mit einem Volumen von mehreren Milliarden Dollar brachte Millionen von normalen amerikanischen Bürgern (und nicht nur diesen) entsprechende Verluste. All dies geschah im Sog der platzenden Finanzblase, die jene Anleger, die nicht den Prinzipien des Value-Investing folgten, um mehrere Billionen Dollar erleichtert hatte. Einen großen Anteil verloren die gleichen normalen amerikanischen Bürger (und Anleger auf der ganzen Welt), die auch schon bei Enron & Co. dabei waren.

Unter den Investoren, die nicht zu den Anhängern des Value-Investings zählen, verursachten diese Kräfte eine natürliche Tendenz zur Überreaktion. Das Endergebnis war, dass die Qualität der Finanzberichte aller amerikanischer Aktiengesellschaften in Frage gestellt wurde. Dieser Aufschrei hallte aus der ganzen Welt wider.

	Alle waren neu	**Symptomatische Angriffe**
Enron	Umwandlung in den 90er-Jahren	Form über Substanz
Global Crossing	Börsengang 1997	Pro-forma-Zuwendung
Qwest	Börsengang 1997	Kurzsichtigkeit bei Reinvestitionen
WorldCom	Börsengang 1995	Die Bilanz als Versteck

Tabelle 9.1 Antithesen des Value-Investings

Nun war Durchblick gefragt, doch dieser gelang nur selten. Value-Investoren unterscheiden diese ungleichen Skandale deutlicher. Sie betonen, dass Enron im Wesentlichen eine Art von Ponzi-Plan war, der von einer Art von »bösem Geist« technisiert und verschleiert wurde und auf eine ganze Börse voller »Investoren« zugeschnitten war, die froh waren, in diesem Drama Zielscheiben darzustellen. Sie betonen, dass die anderen drei Mitglieder – und viele andere – auf dem Weg in die Blase unter einer »Telekommunikations-Manie« litten und unter einem »Telekommunikations-Fieber«, als aus der Blase die Luft entwich.

Jeder sollte sich an eine offensichtliche Tatsache erinnern: Als in diesem Ballon noch Helium war, gab es nur wenig Widerspruch gegen das offensichtlich aggressive Rechnungswesen. Als die Unternehmensleistung an Einnahmen und nicht an Gewinnen gemessen wurde, waren die Augen auf Internetseiten gerichtet und nicht auf die Dollars, die die Kunden bezahlten. Doch Opfer mögen es nicht, wenn man auch ihnen eine Schuld gibt.

Enron: Die Art der Rechnungslegung geht über die wirtschaftliche Substanz

Während der 80er-Jahre war Enron ein Unternehmen, das nach Erdgas bohrte und Pipelines unterhielt. Es mutierte während des finanziellen Booms der späten 90er-Jahre zu einem Händler von Fiktionen, der falsche Erlöse verbuchte. Der CEO, Kenneth Lay, wurde von den Fans von Managementstrategien, die in der Glanzzeit der finanziellen Phantasien in Mode waren, wie ein Idol gefeiert. In Wirklichkeit war er eher ein Narr, während seine Leutnants das Unternehmen und die Anleger täuschten.

Kapitel 3 zeigte die ausdrückliche Unternehmensstrategie, Entscheidungen auf der Grundlage der Auswirkungen in der Rechnungslegung zu treffen anstatt auf der Grundlage wirtschaftlicher Substanz. Betrachten Sie einige Auswirkungen dieser Strategie.

Das Unternehmen ließ sich auf Tausende von Transaktionen ein, die so gestaltet waren, dass volatile Handelsaktivitäten in getrennten Einheiten untergebracht wurden, um die Gewinne und somit auch den Aktienkurs vor den kurzfristigen Schwankungen, die mit diesen Aktivitäten verbunden sind, abzuschirmen. Es ist zwar legitim und rechtmäßig, Posten für besondere Zwecke einzurichten, soweit es die Rechnungslegung, das Handelsrecht und das Aktienrecht betrifft, aber nur so lange, wie diese Gesetze auch beachtet werden.

Um eine Bilanzverlängerung zu erzielen (in Kapitel 11 wird dies eingehender behandelt), müssen diese Einheiten den allgemein anerkannten Regeln der Zusammenführung von Buchführungen und besonderen Regeln entsprechen, die auf diese Einheiten angewendet werden. Die allgemeine Regel besagt, dass eine völlige Zusammenführung vermieden werden soll und eine dritte Partei eine Mehrheit der Aktien dieser Einheit kontrollieren muss; die Regel besagt auch, dass mindestens drei Prozent des Kapitals dieser Posten für besondere Zwecke aus Aktien bestehen müssen (wodurch die Liquidität zweiten Grades auf etwa 32 : 1 begrenzt wird).

Bei den ersten Transaktionen befolgte Enron beide Regelungen, aktivierte die Posten für besondere Zwecke mit einem Verschuldungsgrad, der nicht höher lag als 32 : 1, und platzierte die Mehrheit der Aktien oder gar alle Aktien bei einem Dritten. In den folgenden Transaktionen jedoch wurden eine oder beide Regeln nicht eingehalten, und in den meisten dieser Fälle hielten entweder Enron oder eine Tochtergesellschaft oder ein Vorstand von Enron (als Dritter) diese Aktien. Das bedeutet: All diese Transaktionen wurden quasi mit verwandten Parteien ausgeführt wurden und hätten in den Büchern von Enron zusammengeführt werden müssen. Das war aber in keinem Fall gegeben. Der Schuldenstand, der in diesen kontrollierten Einheiten angehäuft wurde, belief sich bald auf Milliarden von Dollars, und als Sicherheit diente oft die Aktie von Enron. Als sich die Geschäftsbedingungen verschlechterten, wurde der Aktienkurs von Enron in Mitleidenschaft gezogen, und die Kredite wurden nacheinander, so wie in Kaskaden, fällig, was letztlich zum Bankrott führte.

Ein großer Teil der Handelstätigkeit lief zwischen den Posten für besondere Zwecke ab, und viele direkte Aktivitäten standen im Mittelpunkt des Risikomanagements, das das Unternehmen mit Derivaten und den Handel mit ihnen betrieb. Die Regeln der Buchführung besagen, dass diese

Finanzinstrumente in Echtzeit bewertet werden müssen (Regeln zur Neubewertung). Enron hingegen setzte außerordentlich rosige Annahmen und legte für die Beurteilung der Zuführungen aggressivere Maßstäbe an – ganz im Gegensatz zum Schwerpunkt des Value-Investing, das eine Rechnungslegung fordert, die nicht schöne Trugbilder malt, sondern die wirtschaftliche Substanz widerspiegelt.

An den Börsen wiesen die Manager hohe Werte für das Anlagevermögen aus und veröffentlichten diese Beträge auch in der Bilanz. Ebenso wurden im Geschäftsbericht entsprechend hohe, theoretische Gewinne präsentiert. In anderen Fällen behandelten die Manager geliehene Mittel nicht als Kredite, sondern als Kauf- und Verkaufstransaktionen – eine moderne Variante eines klassischen Tricks aus dem Kochbuch des Betrugs im Rechnungswesen, die Value-Investoren in Alarmbereitschaft versetzt.

Global Crossing: Pro-forma-Phantasien und Cashflow-Träume

Global Crossing Ltd. wurde 1997 von einem leitenden Angestellten mit einer etwas zweifelhaften Vergangenheit gegründet, der niemals zuvor eine Aktiengesellschaft geleitet hatte. Das Unternehmen beschrieb sich selbst als Telekommunikations-Provider mit einem globalen Netzwerk, das 27 Länder und Hunderte von Großstädten in der ganzen Welt erfasste. Ein Ziel war, Kabel unter dem Atlantik und dem Pazifik zu verlegen, die alle Kontinente miteinander verbinden sollten. Das war die ultimative »Aktie mit einer tollen Geschichte«.

Diejenigen Investoren, die keine Anhänger des Value-Investing waren, liebten diese Aktie. Das Unternehmen, das auf den Bermudas in eine Aktiengesellschaft umgewandelt wurde, ging ein Jahr nach der Gründung an die Börse. Innerhalb kürzester Zeit wies Global Crossing eine Börsenkapitalisierung von fast 40 Milliarden Dollar auf. Zwei Jahre später war es bankrott, umgeben von Beweisen für Betrug im Rechnungswesen.

So wie viele andere in der Telekommunikationsbranche auch, hatte Global Crossing nie einen Geschäftsplan, nie einen soliden CEO und auch keine Cashflows. So wie viele Unternehmen, denen diese Säulen des Lebensunterhaltes fehlten und die von Blutarmut gepeinigt wurden, verstärkte es die Akquisitionsaktivitäten. Man versuchte, Größe zu kaufen, um die blockierten Geschäftspläne schnell zum Laufen zu bringen. Dank der verrückten Marktkapitalisierung hatte Global Crossing einen enorm aufgeblähten Barmittelbestand und konnte damit Unternehmenskäufe bezahlen, die die windigen Verkäufer mit Freude akzeptierten. Nur Investoren, die dem Prinzip des Value-Investig nicht folgen, konnten in diese Falle geraten und Aktien von Global Crossing kaufen.

Global Crossing war besonders in einer Form der finanziellen Kreativität bewandert, die unter dem Begriff Pro-forma-Berichtswesen bekannt ist, einer Technik, die verwendet wird, um die Ergebnisse nach den GAAP zu verschleiern. Als eine der verheerendsten Vorgehensweisen in der Buchführung, die mit der Telekommunikations-Manie der Dotcom-Unternehmen aufkam, stellt die Pro-forma-Buchführung Ergebnisse dar, indem verschiedene Buchungen vorgenommen werden, die mit den GAAP nicht übereinstimmen. Das Ergebnis ist immer Willkür und Fiktion.

Die Praxis des Pro-forma-Berichtswesens wurde in den 90er-Jahren so stark verbreitet, dass die Differenz zwischen dem Gewinn je Aktie nach GAAP und dem Gewinn je Aktie nach der Pro-forma-Buchführung im Laufe dieses Jahrzehnts immer größer wurde. Die Abweichungen ermöglichten es, Gewinne auszuweisen, die doppelt so hoch waren wie die GAAP-Ergebnisse. Die Zahl der Unternehmen, die diese Gewohnheit übernahmen, wuchs weit über die Grenzen des Telekommunikationsbereichs hinaus, durch den dieses Vorgehen bekannt wurde. Mehr als die Hälfte der Unternehmen, die im S&P 500 gelistet sind, übernahmen diese Vorgehensweise ebenfalls, auch wenn die Technologiebranche den Vorreiter spielte.

Diese Praxis, Regeln zu ignorieren, die den Managern nicht gefallen, ist auch nicht auf geheimnisvolle esoterische Wunder im Rechnungswesen begrenzt. Viele Unternehmen verbuchten ihre Ergebnisse lieber in der Rubrik pro forma und ignorierten damit Posten, die unter GAAP als Ausgaben gesehen werden, beispielsweise Umsatzprovisionen, Marketing- und Personalkosten sowie Aufwendungen, zur Gründung einer neuen Tochtergesellschaft. (Kein Manager benutzte jedoch den Pro-forma-Trick, um Erlöse auszusparen.)

Global Crossing ging bis ins Extreme, weiter als die traditionellen Unternehmen und selbst weiter als die anderen Mitglieder dieser Meute, und war damit unangefochtener Anführer unter den »vier großen Betrügern«. Im August 2001 deckte ein leitender Angestellter aus dem Finanzbereich auf, dass das Unternehmen und eine asiatische Tochtergesellschaft Pro forma-Werte entgegen der Vorschriften als Bareinnahmen gebucht und die Cashflows auf der Basis von Größen korrigiert hatten, die mit den in der Buchführung üblichen Maßstäben für Barmittelzuflüsse oder Gewinne nichts zu tun hatten. Er drückte auch seine Besorgnis aus, dass die Barbeträge überhöht dargestellt wurden, weil sie auf Transaktionen beruhten, bei denen weder Bargeld floss noch auf andere Weise Geld überwiesen wurde, sondern stattdessen nur ein Austausch von Kapazitäten erfolgte.

Das Unternehmen schlug die Warnungen in den Wind. Es stellte fest, dass der Wirtschaftsprüfer den Jahresbericht, der die Diskrepanzen aufzeigte, nicht testiert hatte. Es argumentierte, dass die bei der SEC eingereichten Schriftstücke aufdeckten, wie das Unternehmen die Pro-forma-Zahlen festgesetzt hatte, und betonte, dass sie keinesfalls eine Alternative zu den GAAP darstellten. In diesen Schriftstücken teilte das Unternehmen mit, es habe diese Zahlen verwendet, um die Performance und die Liquidität der einzelnen Geschäftsbereiche darzustellen.

Das Unternehmen behauptete auch, dass es den Kauf eines signifikanten Teils des Anlagevermögens von Subunternehmern, die auch Kunden waren, offen gelegt habe, den Betrag der erhaltenen Barmittel genannt habe, einschließlich der Barerlöse und der korrigierten Cashflows, ebenso die Verpflichtungen, die es eingegangen war und die in bar bezahlt werden mussten.

Die Verteidigung der Pro-forma-Berichterstattung durch den Hinweis auf diese Veröffentlichung ist gleichbedeutend mit der Mahnung an die Anwender, eine derartige Vorgehensweise zu unterlassen. Doch ist dies offenkundig unredlich. Wenn Investoren stillschweigend ermutigt werden, sich über Pro-forma-Zahlen keine Gedanken zu machen, weshalb veröffentlicht das Unternehmen sie überhaupt?

Grundsätzlich ist es eine psychologische Manipulation. Wenn der Gewinn je Aktie auf der pro forma drei Dollar und nach GAAP 1,50 Dollar ausmacht, sollte man einem Aktionär nicht empfehlen, die drei Dollar zu ignorieren und sich auf die 1,50 Dollar zu konzentrieren. Dies gleicht dem Versuch, Zahnpasta in die Tube zurückzudrücken.

Ein intelligenter Value-Investor lässt sich von solchen aus dem Ärmel geschüttelten Pro-forma-Zahlen nicht an der Nase herumführen. Value-Investoren legen Wert auf bekannte und echte Ergebnisse. Sie bevorzugen harte Daten, die durch die Bilanz abgesichert sind. Dies wird durch Fakten zu den aktuellen Gewinnen aus dem Geschäftsbericht ergänzt und, falls erforderlich, durch den Analysten korrigiert. Ein wenig mehr Aufmerksamkeit sollte dem Cashflow-Bericht geschenkt werden, um die Qualität der Gewinne zu bestimmen oder um Faktoren zu untersuchen, die mit der finanziellen Stärke und dem Geschäftsrisiko zu tun haben.

Doch gibt es im Value-Investing keine Analyse auf der Grundlage von Pro-forma-Daten. Millionen von Investoren, die nicht dem Prinzip des Value-Investings folgen, wurden erst rückblickend schlau. Sie hatten den Pro-forma-Daten einen Aufschlag zugestanden, die Bilanzdaten aber ignorierten sie fast völlig.

Qwest: Ausnutzung der Kurzsichtigkeit hinsichtlich der Gewinne der Eigentümer

Qwest Communications International Inc. war Ende der 90er-Jahre ein weiterer Neuling unter den amerikanischen Aktiengesellschaften. So wie andere Telekommunikationsgesellschaften tat sich Qwest durch Maßlosigkeit bei Investitionen in Glasfaserkabel hervor. Dies setzte die Fähigkeit des Unternehmens, nachhaltig Gewinne und Cashflows zu erzielen, unter zunehmenden Druck. Qwest selbst tat sich unter anderen mit Global Crossing zusammen, um während des Telekommunikations-Booms Scheingeschäfte abzuwickeln und zu verbuchen.

Beide Unternehmen boten in den USA lokale Telefondienste an. Zu den am häufigsten angewandten Tricks zählten Tauschgeschäfte von Kapazitäten. Die Unternehmen entwickelten Telekommunikationskapazitäten und verursachten damit Kosten. Dann tauschten beide diese Kapazitäten mit denen anderer Telekommunikationsunternehmen, aber auch gegenseitig. Der Vorwand für diese Tauschmanöver mit Kapazitäten zwischen rivalisierenden Unternehmen war, die Lücken in den Netzwerken der anderen Gesellschaften zu schließen. Allerdings buchten die Buchhaltungen fehlerhaft Erlöse auf der Grundlage des Wertes der getauschten Kapazitäten. Die Kosten waren nunmehr kapitalisiert und wurden für zahlreiche Abrechnungszeiträume in der Zukunft verrechnet.

Zur Vereinfachung dieser Zusammenhänge folgendes Beispiel: Ein Unternehmen könnte einen Aufwand von 100 Dollar geltend machen, um Kapazitäten zu schaffen, die für ein anderes Unternehmen 120 Dollar wert waren, und würde somit dafür 120 Dollar bekommen. Die 120 Dollar wurden sofort als Erlös verbucht, während die Kosten auf einen Zeitraum von fünf Jahren zu je 20 Dollar verteilt wurden.

Das Unternehmen erhält im Gegenzug für 20 Dollar Kosten einen Erlös von 120 Dollar – ein Bruttogewinn von 100 $! Eine konservative Buchführung würde den Tausch lediglich als solchen behandelt haben, wobei kein Erlös verbucht worden wäre und die 100 Dollar durchaus als Kosten behandelt würden, wodurch das Endergebnis um 100 Dollar geringer ausfiele. Der Unterschied von 100 Dollar zum Positiven und 100 Dollar zum Negativen ist wie der zwischen Tag und Nacht.

Selbst bei einer weniger konservativen Buchführung könnten die 100 Dollar kapitalisiert werden, wobei im ersten Jahr nur Belastungen von 20 Dollar entstehen, doch der Unterschied zwischen einem Verlust von 20 Dollar und einem Gewinn von 100 Dollar ist wie der Unterschied zwischen Abenddämmerung und Morgendämmerung.

Diese Manöver versteckten die Rolle der Abschreibung als Ersatz für erforderliche Reinvestitionen in das Unternehmen (das Kernstück hinter dem Gedanken der Eigentümergewinne, die in Kapitel 6 besprochen wurden). Gedeckt wurde dies durch den Appetit der Anleger auf die Analyse des Cashflows, anstatt die Relation zwischen der Bilanz und dem Geschäftsbericht zu untersuchen, ebenso altmodische Größen wie die Eigenkapitalrendite.

Ein charakteristisches Merkmal vieler Betrügereien in der Buchführung ist, wie leicht solche Maßnahmen begründet werden können. Oft sind darin neue Transaktionen eingebunden, etwa der Tausch von Telekommunikationskapazitäten, für die es keine direkten Vorschriften gibt. In solchen Fällen würden konventionelle Prinzipien der Rechnungslegung den Kontext richtig darstellen.

Elementare Grundregeln der Buchführung besagen, dass Verkäufe im Geschäftsbericht dargestellt werden, wenn sie abgeschlossen sind, und Aufwendungen zuverlässig zur Erzielung künftiger Erlöse kapitalisiert werden. Dies erlaubte es, diese Vorgehensweise missbräuchlich einfach auf den Tausch von Telekommunikationskapazitäten anzuwenden – am besten dann, wenn es keine Zuschauer gab. Anders die Value-Investoren, doch waren sie die deutliche Minderheit an der Börse, und ihre Kritik wurde verschmäht.

Die Entscheidung, wie neue Transaktionen auszuweisen sind, geschieht in Form einer Absprache zwischen den Leitern der Finanzbereiche und den unabhängigen Wirtschaftsprüfern des Unternehmens. Dabei fragen die Manager normalerweise den Prüfer, wie in der entsprechenden Branche derartige Transaktionen behandelt werden. Der Wirtschaftsprüfer prüft dann in der Regel, wie üblicherweise vorgegangen wird, gleichgültig ob er darum gebeten wird oder nicht. Hier besteht folgende Gefahr: Wenn es der führende Innovator in der Branche mit der Wahrheit nicht so genau nimmt und die aggressiveren Buchführungsmethoden bevorzugt, dann ist auch das daraus folgende normale Verhalten arglistig. Das Endergebnis kann dann durch »kreative Buchführung« verfälscht sein.

Der Tausch von Telekommunikationskapazitäten war ein typisches Beispiel, eine Innovation der Clique aus dem Telekommunikationsbereich, die von der Branche in weiten Bereichen übernommen wurde. Diese Art der Buchführung entwickelte sich konstant, folgte den Branchennormen, die von den Mitgliedern der »vier großen Betrüger« in der Telekommunikationsbranche bestimmt wurden. Die Auswirkungen waren für das Rechnungswesen der gesamten Branche äußerst negativ.

Diese Art der Rechnungslegung machte die Erlöse zum zentralen Maßstab der finanziellen Performance – eine Orientierung, die die Nicht-Value-Anleger zu Bewunderern machten und sie reich belohnten. Dieses Gebaren breitete sich auch auf andere Bereiche der Rechnungslegung aus, in denen Wahlmöglichkeiten erlaubt waren, welche die Erlöse beeinflussten. Wenn eine Alternative höhere Erlöse auswies, dann wurde sie ausgewählt.

Jedoch ist eine so aggressive Buchführung nicht von Dauer. Wenn man 100 Dollar an Erlösen in diesem Jahr gegen kapitalisierte Ausgaben von 20 Dollar auf die nächsten fünf Jahre verteilt, dann braucht man einen ähnlichen Betrag an steigenden Erlösen in den verbleibenden vier Jahren, damit alles zusammenpasst. (Dies ist die Herz-Dame in Lewis Carrolls Buch *Trough the Looking Glass*, die immer laufen musste, nur um nicht zurückzufallen.) Für eine Weile wäre dies machbar, allerdings ist es ziemlich ermüdend. In der Telekommunikationsbranche der späten 90er-Jahre bedeutete dies, mehr Kapazitäten zu tauschen. Doch so wie Marathonläufer an die Grenzen der Belastbarkeit stoßen, geht auch den Vertretern der aggressiven Buchführung irgendwann einmal die Puste aus. Value-Investoren wissen das.

WorldCom: die Bilanz als Versteck

Das Fiasko von WorldCom ist typisch für Fälle betrügerischer Rechnungslegung, bei der jene Anleger ausgebeutet werden, die der Bilanz zu wenig Beachtung schenken und zu sehr auf die geschätzten Cashflows in einem aufgeblähten Geschäftsbericht achten. Beim größten amerikanischen Anbieter von Telekommunikationsdiensten für Fernverbindungen (unter dem Markennamen MCI), WorldComs, brachen die Geschäfte zusammen und kamen schlussendlich zum Erliegen. Die Technologiebranche wurde ruhiger und näherte sich ihrem unausweichlichen Niedergang. Die Telekommunikationsbranche gab zu viel aus, ein Abschwung schlug hart zu, und alle beteiligten Unternehmen balgten sich um Geschäfte, die es nicht mehr gab. Die Angewohnheit des Unternehmens, Größe zu kaufen, wurde durchkreuzt, als die Behörden WorldComs Angebot, Sprint Corp. zu kaufen, ablehnten. Ohne neue Erlösströme und als Folge der Anhäufung von Ausgaben musste WorldCom dazu übergehen, das Rechnungswesen zu manipulieren. Der erste Schlag, Ende des Jahres 2000, bestand darin, dass Ausgaben durch Abschreibung verschiedener Reserven in der Bilanz aufgefangen wurden. Das brachte im zweiten Halbjahr 2000 1,2 Milliarden Dollar. Doch man brauchte mehr. Das Unternehmen entschloss sich daraufhin, die Leitungskosten (das sind Beträge, die an lokale Telekommunikationsnetzwerke gezahlt werden, damit diese die Verbindungen herstellen) als Anlagevermögen zu verbuchen, und binnen kurzem wuchs dieser Bilanzposten auf mehr als vier Milliarden Dollar an.

Diese Tricks wurden durch eine interne Überprüfung der Aufzeichnungen der Kapitalausgaben aufgedeckt. Leitungskosten werden normalerweise als übliche Betriebsausgaben beschrieben, als Kosten, die die laufenden Einnahmen erwirtschaften. Somit sollten diese Aufwendungen als laufende operative Kosten verbucht werden. Sie hätten keinesfalls kapitalisiert werden dürfen (als Anlagevermögen geführt werden dürfen, das in der Zukunft hätte abgeschrieben werden können).

Die Controller von WorldCom begründeten dies damit, dass diese Leitungskosten zuverlässig zu künftigen Gewinnen führen würden, und es gab Hinweise darauf, dass diese Auffassung von den Telekommunikationsunternehmen geteilt wurde. Allerdings stimmte dies nicht mit den GAAP überein. Mehrere Milliarden Dollar dieser Aufwendungen wurden als Kapitalausgaben verbucht, in der Bilanz als Anlagevermögen erfasst (was keine Auswirkungen auf den Geschäftsbericht hatte), anstatt sie unter Kosten zu verbuchen, was den Nettoerlös geschmälert hätte.

Für das Jahr 2001 wurde berichtet, dass die Leitungskosten etwa 15 Milliarden Dollar ausmachten, in Wirklichkeit betrugen sie jedoch 22 Milliarden Dollar. Das Ergebnis machte aus den Verlusten eines Jahres Papiergewinne für das Jahr 2001 und das erste Quartal im Jahr 2002. Die Tatsache, dass die Leitungskosten der Vorjahre schon ausgegeben waren, vergrößerte das Problem nur noch. Die Änderung, mit der diese im Jahr 2001 als Kapitalausgaben betrachtet wurde, war somit erklärungsbedürftig.

Die Behandlung operativen Aufwands als Kapitalausgaben ist ein uralter Schachzug, und seit ebenso langer Zeit gibt es die Tendenz, diesen Missbrauch zu übertreiben und die Bilanz so mit einer roten Karte zu versehen. Ein Konto für Kapitalausgaben, das innerhalb eines Jahres um mehrere Milliarden Dollar wächst, fällt auf, selbst in einem Unternehmen von der Größe WorldComs, das immerhin mehrere Milliarden Dollar wert war. Value-Investoren, die sich an der Bilanz eines Unternehmens orientieren, enttarnten die Vorgehensweise bei WorldCom als Farce. Wenn man aus der Bilanz ein Versteck macht, sind für Betrügereien, auf die Nicht-Value-Investoren hereinfallen, Tür und Tor geöffnet..

Verlierer und Gewinner

Welche Anlagephilosophien trugen dazu bei, dass überhaupt in die »großen vier Betrüger« investiert wurde? Indexfonds investierten, weil diese Unternehmen einen großen Teil des Marktes repräsentierten. Momentum-Investoren trieben die Kursphantasie in die Höhe, die zu diesen Unternehmen gehörten, und verstärkten die Versuchung der Manager, Tricks im Rechnungswesen anzuwenden, um die bereits aufgeblähten Kurse noch weiter in die Höhe zu treiben. Portfolio-Investoren wurden von jedem Unternehmen angezogen, deren Kurse, gemessen am Beta, zu ihrem Risikoprofil passten. Selbst Wachstums-Investoren machten mit, wenn sie an die Geschichten künftigen grenzenlosen Wachstums glaubten.

Lediglich Value-Investoren hielten sich zurück. Sie taten dies, weil sie wussten, dass die Bilanz im Mittelpunkt steht, weil sie die Bedeutung der aktuellen Gewinne verstanden und notwendige Korrekturen an der Art und Weise vornahmen, wie die Bücher geführt wurden. Sie verstehen die Grenzen der Analyse des Cashflows und das Absurde an den Pro-forma-Buchungen. Dies ist eine wichtige Lehre von der Stärke des Value-Investings und eine Erklärung dafür, warum es in den späten 90er-Jahren so unbeliebt wurde und in den ersten Jahren des neuen Jahrtausends wieder auferstand.

simplified

10 Chronische Probleme im Rechnungswesen

Value-Investing umgeht Betrügereien, weil es sich auf die Grundlagen konzentriert und stets auf die Tricks achtet, die Betrüger anwenden, um ihr Werk zu vertuschen. Befasst man sich näher mit dem Dschungel der Rechnungslegung, kommt man den beliebtesten Buchhaltungstricks auf die Spur. Value-Investoren würden diese Tricks sofort auffallen, da sie die Unternehmen analysieren, in die sie ihr Geld stecken.

Buchung der Erlöse

Die Buchung von Erlösen bezieht sich auf die Bestimmung der obersten Zeile eines Geschäftsberichts. Komponenten dieses Vorgehens sind die Bestimmung des Zeitpunkts der Verbuchung eines Umsatzes und der Betrag (ebenso das Risiko, dass die damit verbundenen Rechnungen nicht bezahlt werden und deshalb als Ausgaben behandelt werden müssen).

Enron verletzte die Grundregeln der Verbuchung von Erlösen, als es als Makler zwischen Käufern und Verkäufern von Energie auftrat. Die Honorare, die man für diese Aktivitäten erzielte, bestanden aus Provisionen, die als ein bestimmter Prozentsatz des Handelsumfangs kalkuliert wurden. Enron behandelte aber nicht nur diesen relativ geringen Prozentsatz an einem Handel als Erlös, sondern zusätzlich noch das Gesamtvolumen des Handels, der vermittelt wurde. Dies verletzte die Grundregel, die bestimmt, welcher Betrag einer Transaktion als Erlös angesehen werden darf.

Für die falsche Bestimmung des Zeitpunkts ist Xerox ein gutes Beispiel. Xerox ging langfristige Leasingvereinbarungen ein, die es den Leasingnehmern ermöglichen, Maschinen vertragsgemäß zu nutzen und dafür regelmäßige Mietzahlungen zu leisten, und ihnen darüber hinaus die Option einräumen, die Maschinen zu kaufen. Eine ordentliche Verbuchung der Erlöse zeichnet die regelmäßigen Mietzahlungen dann auf, wenn die Zahlung eingegangen ist. Xerox hingegen buchte die gesamten Erlöse dann, wenn die Leasingverträge unterzeichnet waren, nicht aber über die gesamte Laufzeit hinweg. Das Geschäft mit McKesson-HBOC macht diese falsche Erlösbuchung besonders deutlich. Das Hauptvergehen bestand darin, dass die Erlöse als endgültig vereinnahmt gebucht wurden, während die Verkaufsverträge noch schwebend waren. Einige Hinweise bestätigten aggressive Buchführungspraktiken, etwa Rückdatierungen von Verkaufsverträgen.

Ein weiteres leuchtendes Beispiel ist Sunbeam, ein Hersteller von Kleingeräten und Campingausrüstungen. Die Verkäufe waren noch nicht abgeschlossen, und dennoch verbuchte das Unternehmen den Umsatz als endgültig und wies Erlöse aus, indem es diese vorzeitig buchte. Sunbeam versandte auch Saisonware außerhalb der Saison, etwa Holzkohlengrills, lange Zeit bevor sie bestellt wurden, und verbuchte den Erlös der Transaktion bei Versand und nicht erst dann, wenn die Kunden sie später in der Saison bestellten und bezahlten.

Aufwand: die Kosten der Geschäftstätigkeit

Eine elementare Grundregel im Rechnungswesen verlangt, dass Aufwandsposten mit Erlösen verbunden sein müssen. Der Aufwand, der betrieben wird, um ein Unternehmen in Betrieb zu halten, belastet das Unternehmen in dem Augenblick, in dem Geschäftsergebnisse erzielt, also Erlöse erwirtschaftet werden. Der Betrag, der richtige Zeitpunkt und die Anpassung der Aufwendungen unterliegen ebenso Buchhaltungsregeln wie die Verbuchung von Erlösen.

Ein Unternehmen verkauft in der Regel Waren und Dienstleistungen auf Rechnung; es gewährt also einen Kredit: Deshalb nimmt es nicht den Kaufpreis im Gesamten ein, da Rechnungsbeträge noch offen sind. Der Verkaufspreis für Waren, die ein Kunde auf Rechnung erworben und noch nicht bezahlt hat, stellt in der Buchhaltung einen offenen Posten dar. In der Regel sind offene Posten innerhalb von 30, 60 oder 90 Tagen auszugleichen; einige Unternehmen räumen ihren Kunden sogar Zahlungsfristen von zwölf oder 14 Monaten oder sogar noch länger ein.

Die meisten Unternehmen, die auf Rechnung verkaufen, haben ein Mahnwesen, das die Kunden auf Kreditwürdigkeit überprüft und darauf achtet, dass die Zahlungen pünktlich eingehen. Sind die Kunden säumig, so schickt das Unternehmen eine Zahlungserinnerung und verlangt die Begleichung der Rechnung. Wenn dies auch nach mehreren Versuchen nichts fruchtet, dann geht das Unternehmen davon aus, dass die Rechnung nie bezahlt werden wird. Offene Posten, die uneinbringlich sind, werden auf diese Weise zu Aufwand, der den laufenden Betriebskosten zuzurechnen ist.

Nach dem Prinzip der Entsprechung wird der Aufwand in der gleichen Periode verbucht, in der die offene Rechnung begründet und als Erlös verbucht wurde. Das bedeutet, dass das Management in jeder Periode abschätzen muss, welcher Anteil des Erlöses aus offenen Rechnungen zu Aufwand werden könnte. Die Manager kennen die richtige Antwort nie, doch die GAAP besagen, man solle in die Vergangenheit schauen und sich lieber auf der konservativen Seite irren.

Bei der Bestimmung der Abschreibung offener Posten ist es schwierig festzustellen, ob eine Schätzung zu hoch oder zu niedrig angesetzt wird. Ebenso schwierig ist es zu bestimmen, ob eine vorhergehende Schätzung revidiert oder in den folgenden Perioden anderweitig berücksichtigt werden sollte. Diese Entscheidungen nehmen sowohl auf den Geschäftsbericht als auch auf die Bilanz Einfluss, und das viele Rechnungsperioden lang. Selbst diese einfachsten Buchungen bieten Spielraum für gerissene Buchhalter oder Manager. Value-Investoren sind sich dessen bewusst.

In den späten 90er-Jahren verkauften Hersteller von Telekommunikationsausrüstungen ihre Produkte an wenig kreditwürdige Unternehmen im Internetbereich, wobei die Aussichten, dass die Rechnungen bezahlt würden, sehr schlecht waren. Dennoch wurden die Verkäufe verbucht, ohne entsprechende Rückstellungen zu bilden für die Wahrscheinlichkeit, dass ein Teil der verbuchten Erlöse niemals bezahlt würde.

WorldCom betrieb auch hier Missbrauch. Von 1998 bis weit ins Jahr 2000 hinein erstellten die Buchhalter des Unternehmens pflichtgemäß Listen von finanziell angeschlagenen Kunden, die ihre Telefonrechnungen wahrscheinlich nicht bezahlen würden. In der Regel ignorierten die Leiter im Rechnungswesen diese Abschreibungsvermerke. Stattdessen warteten sie bis zum dritten Quartal 2000 und stellten einen Haufen offener Posten zur Abschreibung zusammen, insgesamt 405 Millionen Dollar. Als dieser Geldbetrag zu Lasten der Gewinne verbucht wurde, präsentierte man dies als einmaliges Ereignis und behandelte es auch so. Value-Investoren korrigieren die aktuellen Gewinne, wenn derartig große außergewöhnliche Belastungen erscheinen (siehe Kapitel 6).

Bei Unternehmen, in denen offene Rechnungen eine wichtige Rolle spielen oder in denen die Abschreibungen besonders signifikant auf die Gewinne durchschlagen – in erster Linie Banken und Konsumgüterproduzenten –, schenken Value-Investoren diesen Punkten in der Bilanz und in den Erläuterungen im Geschäftsbericht zur Strategie des Managements besondere Beachtung.

Nach dem entsprechenden Prinzip sollte überprüft werden, ob eine Ausgabe einmalig als Aufwand verbucht oder auf künftige Perioden aufgeteilt werden sollte. Dabei kommt es darauf an, ob sich die Ausgabe mit großer Wahrscheinlichkeit in diesen künftigen Perioden als gewinnerhöhend auswirkt. Ist dies nicht der Fall, sind die Ausgaben mit den Erlösen der laufenden Rechnungsperiode zu verrechnen. Trifft die obige Annahme jedoch zu, sind die Ausgaben mit den künftigen Erlösen zu verrechnen.

Die Beispiele aus dem vorhergehenden Kapitel, also die »vier großen Betrüger«, waren keine Einzelfälle. WorldComs Buchführungskreativität beim Tausch von Kapazitäten mag besonders haarsträubend sein, doch dieses Konzept geisterte während der späten 90er-Jahre durch die gesamte Telekommunikationsbranche und andere so genannte Bumerang-Branchen. Es infizierten kleinere Betriebe wie Level 3 Communications und 360Networks, ebenso AOL Time Warner, die alle mit Qwest und Global Crossing Geschäfte machten.

Zu den Transaktionen zählten Deals zwischen Unternehmen, die Kabel-Abonnenten und Wartungskunden »kauften«, damit sie ihre Programme und Dienstleistungen an die so gewonnenen Kunden bringen konnten, im Tausch gegen Werbung für den Provider, seine Medien wie Druckerzeugnisse, Radiosendungen und Internetseiten. Kein Dollar wechselte den Besitzer, doch jede Seite legte fest, dass sie aus diesem Geschäft einen Erlös erzielt hatte. Solche Tauschgeschäfte mit einem Wert zu versehen ist schwierig, und man kommt in Versuchung, den Umfang solcher Geschäfte eher aufzublähen als zu knapp auszuweisen.

Der Tausch von Kapazitäten wurde während der späten 90er-Jahre auch in der Energie- und Elektrizitätsbranche praktiziert. Doch hier entwickelte sich eine eher stromlinienförmige Version, bei der der tatsächliche Tausch nicht vollzogen wurde. Die Unternehmen ließen sich auf eine Art Kreisverkehr ein, also Kauf-und-Verkaufs-Transaktionen, wobei die Gegenseite genau denselben Preis für die gleiche Sache bezahlte. Dieser Kreisverkehr bewirkte keinen wirtschaftlichen Vorteil, blieb unerkannt oder wurde durch interne Kontrollen nicht verhindert. Dies geschah bei Enron und offenbar auch bei Duke Energy sowie bei Reliant Resources Inc.

Kapazitätstausch und das Konstrukt des Kreisverkehrs sind ein Teil des Tauschhandels, der in der Zeit der »New Economy«-Mode geradezu explodierte, als Verkaufstrupps den Anlegern empfahlen, sich ausschließlich auf das Wachstum der Erlöse zu konzentrieren, nicht auf die Ausgaben, nicht auf die Gewinne und nicht auf deren Nachhaltigkeit. Value-Investoren hingegen lassen sich von derartigen Fiktionen nicht aufs Glatteis führen.

Buchführung bei Geschäftsvorgängen

Die Verschiebung der Ausgaben für das laufende operative Geschäft hin zu Kapitalausgaben kann auch umgekehrt funktionieren. Enorme Ausgaben wurden zu einem frühen Zeitpunkt getätigt, um die Performance eines späteren Zeitpunkts zu verbessern. Dies ist ein weit verbreiteter Schwindel, der auf Zielunternehmen, die übernommen werden sollen, angewendet wird. Wenn ein Unternehmen gekauft wird, kann es ausgeschlachtet werden, indem wesentliche Teile des Anlagevermögens verkauft werden, sodass die künftigen Buchungen der Ausgaben geringer werden.

Dieser Schwindel war eine Taktik, die von Tyco International Ltd. regelmäßig angewandt wurde, einem Unternehmen, das in der kurzen Zeit des Booms Hunderte von Akquisitionen durchführte. Ein Teil dieser Taktik besteht darin, so viele Ausgaben wie möglich als Akquisitionskosten zu verbuchen, nicht jedoch als Kosten des operativen Geschäfts. Dies verbessert scheinbar die Performance des Zielunternehmens und mindert die angeblich operativen Kosten des Unternehmens vor der Akquisition.

Ein Thema, das seit Jahrezehnten in den Aktiengesellschaften der USA stark diskutiert wird, betrifft die Rechnungslegung bei einer Mehrheitsbeteiligung an einem anderen Unternehmen. Die GAAP erlaubten früher alternative Vorgehensweisen. Wenn Aktien die einzige Art der Bezahlung waren und weitere Bedingungen eingehalten wurden, konnten diese Geschäfte als Unternehmenszusammenschluss behandelt werden. Das Anlagevermögen und die Verbindlichkeiten der beiden Unternehmen wurden einfach addiert, ohne dass darum viel Aufhebens gemacht wurde oder permanent chaotische Korrekturen vorgenommen wurden.

Ansonsten wurde das Geschäft als Kauf betrachtet und musste wie alle anderen Käufe behandelt werden: Die Kosten – der Kaufpreis – wurden in der Bilanz des Käufers Posten für Posten auf der Grundlage des Anlagevermögens und der Verbindlichkeiten verbucht, die mitgekauft wurden. Wenn, wie es üblich ist, der Kaufpreis höher war als die Summe der einzelnen Posten, wurde der Überschuss als Firmenwert deklariert (eine Vorgehensweise in der Rechnungslegung, die nicht mit dem wirtschaftlichen Firmenwert verwechselt werden darf, einem Begriff, der verwendet wird, um besondere Charakteristika eines Unternehmens zu beschreiben). Er würde wie eine Sachanlage behandelt, wobei ein Teil des Ganzen, über mehrere Jahrzehnte hinweg, als Aufwand verbucht würde. Das bedeutet, dass die jährlichen Ausgaben dafür an den Jahreserlösen zehren – und genau das erklärt, warum das Management es vorzieht, das Geschäft als Zusammenschluss zu bezeichnen.

Regeln der Buchführung, die Anreize eher einer Vorgehensweise zuweisen als einer anderen, wenn die wirtschaftliche Substanz dem Manager rät, anders zu verfahren, führen zu den Skandalen in der Rechnungslegung, die wir Jahr für Jahr erleben. Es gibt normalerweise auf jeder Seite Positionen, bei denen nach bestimmten Prinzipien vorgegangen wird, und der Fall der Verbuchung einer Akquisition ist lediglich ein Beispiel unter vielen. Diejenigen, die lieber einen Zusammenschluss durchführen, betonten, dass der Firmenwert normalerweise den Wert erhöht, und würden diese jährlich als Kosten verbucht, würde dies die Sache auf den Kopf stellen. Diejenigen, die lieber einen Kauf verbuchen, betonten, dass zu den meisten Geschäften dieser Art ein Käufer und ein Verkäufer gehören; es sei keine Fusion unter Gleichen, und die Buchführung sollte eigentlich die Realität wahrheitsgemäß darstellen.

Erst kürzlich gab es zwischen beiden Seiten einen Kompromiss. Die neue Regel besagt, dass Akquisitionen wie ein Kauf zu behandeln seien, wodurch ein Posten »Firmenwert« entsteht, doch Aufwand entsteht nur dann, wenn dieser Firmenwert an Wert verliert, ansonsten nicht. Wie es bei Kompromissen oft der Fall ist, löst dies ein Problem – keine Verschiebung von Anreizen, um die Anforderungen an einen Zusammenschluss zu erfüllen –, aber es schafft neue Probleme: Wer soll entscheiden, ob der Firmenwert abgeschrieben wurde?.

Tatsächlich wurden im Kielwasser dieser Regel viele Abschreibungen des Firmenwerts vorgenommen, viele davon augenscheinlich als Ergebnis seltsamer Geschäfte. Die Aktionen bei AOL Time Warner zogen viel Aufmerksamkeit auf sich. Die Fusion dieser beiden Unternehmen wurde so verbucht, dass ein Konto für den Firmenwert eingerichtet wurde. Daraufhin fiel der Aktienkurs des Unternehmens so stark, dass die Buchhaltung entschied, der Firmenwert sei abgeschrieben. Das Unternehmen wurde mit 54 Milliarden Dollar belastet, ein Rekord in der Geschichte amerikanischer Aktiengesellschaften.

Value-Investoren nehmen Vorgänge wie diese sehr ernst. Die Kompromissregel zur Verbuchung von Akquisitionen verschafft den Managern jede Menge Spielraum zu entscheiden, ob, wann und um wie viel eine Abschreibung des Firmenwertes vorgenommen werden sollte. Das Management sollte seine Entscheidungen im Jahresbericht ausführlich erläutern. Die Offenlegung sollte die Investoren über die Auswirkungen solcher Ereignisse auf die Bewertung informieren. Das Studium der Jahresberichte wird zeigen, ob das Management dazu neigt, eine Rechnungslegung anzuwenden, die die Realität der zugrunde liegenden wirtschaftlichen Bedingungen wahrheitsgemäß darstellt, oder ob es eher ein Anhänger der Bilanzkosmetik ist.

Herausforderung durch immaterielle Werte

Patente, Markenzeichen, Urheberrechte und andere immaterielle Vermögensteile haben immer einen Wert und werfen in der Buchführung schwierige Fragen auf. Deshalb haben sie in den Unternehmen und im Rahmen des Rechnungswesens an Bedeutung gewonnen. Einige Ein- und Ausgänge sind so trickreich, dass sie skrupellose Manager geradezu zu Spielereien einladen.

Der Grundgedanke ist folgender: Wenn man diese Werte selbst entwickelt und vermarktet, verbucht man die entstehenden Kosten und belässt es dann dabei. Wenn man diese Werte kauft, dann werden die Kosten in der Bilanz erfasst. Ob sie amortisiert werden, wird ebenso bestimmt, wie es beim Firmenwert der Fall ist: Der Wert wird jährlich überprüft, und wenn er gemindert wurde, dann wird er abgeschrieben, ansonsten bleibt alles so, wie es ist. Auch die Theorie dazu ist die gleiche – die meisten immateriellen Werte verlieren weder an Wert noch werden sie abgenutzt, und es ist nicht erforderlich, Reinvestitionen zur Erhaltung zu tätigen. Geminderte immaterielle Werte werden entsprechend wertberichtigt.

Allerdings gibt es für immaterielle Werte mit einer festen Laufzeit eine Ausnahme, etwa die, wonach Patente (in den USA) nach 17 Jahren auslaufen. Über diesen Zeitraum hinweg muss ein Patent regelmäßig abgeschrieben werden. Die GAAP verlangen auch, dass immaterielle Werte ausgewiesen werden, und sie regeln auch die Art und Weise, wie sie in der Rechnungslegung behandelt werden. Dies ist sehr interessant zu lesen, da Unternehmen oft ein ansehnliches Vermögen an immateriellen Werten haben. Die Offenlegung zeigt auch, wie die Vermögensteile klassifiziert sind, wie sie bewertet und amortisiert wurden, ebenso die Einschätzung der Lebensdauer.

Nichts davon ist vollkommen, und deshalb sind die Erläuterungen im Geschäftsbericht sehr wichtig. Wegen der Ungenauigkeit zögern reine Value-Investoren, sich auf direkte immaterielle Vermögenswerte zu verlassen, aber sie suchen immaterielle Werte, die einen Wettbewerbsvorteil und Einstiegsbarrieren für potenzielle Konkurrenten darstellen. Diese Werte sind durch hohe und nachhaltige Eigenkapitalrenditen gekennzeichnet.

Wertvolle Informationsquellen

Vier wichtige Quellen in einem Jahresbericht enthüllen wertvolle Informationen hinsichtlich der Unternehmenskultur, die im Ansatz der Rechnungslegung manifestiert ist, wenn es um die Darstellung der Erlöse, die Wertminderung des Firmenwertes oder andere Belange des Rechnungswesens geht (*siehe Tabelle 10.1*).

Die am schwierigsten auszuwertende Informationsquelle sind die numerischen Daten. Diese sind oft ein Ausfluss dessen, was die GAAP gerade noch erlauben, und die Daten sind kumuliert. Während die Grenzen der Wahlmöglichkeiten nach den GAAP und die kumulierten Daten den Anleger in die Lage versetzen, eine Finanzanalyse zu erstellen und Bewertungen vorzunehmen, macht es die formale und zusammenfassende Art der Daten schwierig, aus ihnen besondere Erkenntnisse hinsichtlich der Einstellung des Managements gegenüber der Rechnungslegung und einer offenen Berichterstattung abzulesen.

Die zweite Quelle sind die Erläuterungen in den Fußnoten der Geschäftsberichte. Diese zeigen, welche GAAPs angewendet werden, sie können die substantielle Bedeutung der Zahlen darstellen und Aufschluss darüber geben, welche Einstellung das Unternehmen gegenüber dem Rechnungswesen hat, ob also eine eher aggressive oder eine eher konservative Behandlung der Buchführung bevorzugt wird, wenn Wahlmöglichkeiten bestehen. Dennoch, der formale Charakter dieses Teils des Finanzberichts engt die Transparenz ein.

Besser verwertbar als die Finanzdaten an sich sind der Textteil des Jahresberichts, die Erörterung durch das Management und die Analyse. Damit soll den Insidern die Bedeutung der Zahlen nahe gebracht werden. Außerdem sollen die Leser substanzielle Erkenntnisse erhalten. Aus der Art und Weise, wie das Management den Jahresabschluss erläutert und kommentiert, kann auf dessen Einstellung zur Performance geschlossen werden, zur Art ihrer Messung und zu dem Anliegen der Unternehmensverantwortlichen, dass ihre Aussagen und ihre Botschaft verstanden werden.

Die letzte formale und gleichzeitig die beste Quelle zum Verständnis der Unternehmenskultur und der Einstellung des Managements gegenüber dem Rechnungswesen ist der Brief des Vorstands an die Aktionäre im Rahmen des Geschäftsberichts. Im Brief an die Aktionäre beschreibt die Unternehmensleitung, also der Vorstandsvorsitzende beziehungsweise der Chief Executive Officer (CEO), die Situation des Unternehmens aus ihrer Sicht. Wenn man als Anleger hierbei den Eindruck gewinnt, dass der Vorstandsvorsitzende bzw. der CEO diese einzigartige Gelegenheit zur Kommunikation mit den Aktionären nicht voll ausschöpft, dann beurteilen Value-Investoren dies als Warnsignal – als Warnsignal für mangelndes Pflichtgefühl des Top-Managements und als Zeichen für eine schlechte Unternehmenskultur und eine negative Einstellung gegenüber dem Rechnungswesen des Unternehmens.

Zahlen	Anmerkungen	Erläuterungen und Analysen des Managements	Brief an die Aktionäre
Die GAAP bieten Wahlmöglichkeiten, die von aggressiv bis konservativ reichen, und die Daten werden kumuliert.	Formale Erklärungen, die durch Konventionen im Rechnungswesen bestimmt werden, können schwierig zu verstehen sein, unabhängig von der Struktur des Unternehmens und der Offenheit des Managements.	Die analytische Sichtweise eines Insiders sollte direktere Erklärungen geben, sie kann aber auch nebulös bleiben.	Leitende Angestellte haben die Gelegenheit zu breit angelegten informellen Erklärungen, in denen sie ihre Fähigkeiten und ihre Offenheit darstellen können.

Tabelle 10.1 Offenlegung: Quellen und Qualität

simplified

11 Künftige Probleme im Berichtswesen

Spielereien in der Buchführung sind so alt wie die Buchführung selbst. Was sich verändert, sind die bevorzugten Verpackungen, die verwendet werden. Zurzeit sind die Tricks beliebt, die in diesem Kapitel aufgeführt werden, also die Bereiche, in denen in der Zukunft jene Investoren wahrscheinlich ausgebeutet werden, die die Grundzüge des Value-Investings vergessen, wonach die veröffentlichten Zahlen untersucht und korrigiert werden müssen.

Derivate

Informationen, die in Finanzberichten nicht erscheinen, sind einfacher zu manipulieren als diejenigen Zahlen, die veröffentlicht werden. Den Vogel schießen die Derivate ab, spezialisierte Finanzinstrumente, die gegen Risiken schützen sollen, indem sie ein Risiko durch ein anderes ausschließen (so, dass der Wert der Posten von der Relation zueinander abgeleitet wird).

Nehmen wir an, Sie schulden Zinsen auf Ihre Hypothek zu einem festen Zinssatz, doch die derzeitigen Zinsen sind niedriger, und Sie können vorhersagen, dass sie wahrscheinlich auf diesem Stand bleiben oder noch tiefer fallen werden. Wahrscheinlich würden Sie dann auch zu jenen gehören, die die Hypothek refinanzieren wollen. Müssten Sie in diesem Fall eine Vorfälligkeitsentschädigung zahlen, dann würden Sie versuchen, einen anderen Weg zu finden, um ein vergleichbares Ergebnis zu erzielen.

Nehmen wir weiter an, Ihr Bruder hat eine Hypothek mit gleitendem Zinssatz und eine andere Ansicht, was die künftigen Zinssätze anbelangt. Er könnte sich bereit erklären, Ihre Hypothek zu einem festen Zinssatz zu übernehmen, während Sie im Tausch dafür seine Hypothek mit gleitendem Zinssatz abbezahlen.

Auch Unternehmen tauschen sehr häufig Zahlungsströme für Zinsen, wie oben erklärt, wobei der Wert des Tausches von der Relation zwischen diesen beiden Zinssätzen abgeleitet wird. Die Unternehmen tauschen auch Verbindlichkeiten, die sich auf eine Reihe von Vergleichspunkten beziehen, bei denen die Vorstellungen auseinander gehen. Dazu gehören der Tausch von Währungen, des Ölpreises, anderer Versorgungsleistungen und unendlich viele andere Dinge; selbst das Wetter gehört dazu.

Das Messen und Buchen von Derivaten war in der Rechnungslegung schon immer schwierig. Tatsächlich sind sie so komplex zu begründen, dass das Financial Accounting Standards Board (FASB) mehr als ein Jahrzehnt brauchte, um geeignete Richtlinien dafür zu finden. Viele Jahre lang, als der Markt für Derivate aufblühte und ein Billionen-Dollar-Geschäft wurde, wurden sie überhaupt nicht berücksichtigt.

Um die Schwierigkeit zu erkennen, unterstellen Sie für die folgenden Überlegungen, dass jeder hundertprozentig davon überzeugt ist, er habe aus dem Tausch einen Gewinn gezogen. Man kann ebenso Recht wie Unrecht haben, und diese Situation kann sich im Lauf der Jahre ändern. Wenn die Zinssätze niedrig bleiben und noch weiter fallen, dann sind Sie im Vorteil; geschieht das Gegenteil, dann sind Sie auf der Verliererseite.

In einigen Jahren werden Sie zu Recht sagen können, Sie hätten Geld gespart, und es wäre vernünftig, dies als eine Art von Erlös zu bezeichnen, oder zumindest hätten Sie einige Kosten vermieden. In genau diesen Zeiträumen müsste Ihr Bruder Verluste verzeichnen, zumindest höhere Ausgaben.

Ob Sie selbst aus diesem Tausch unter Brüdern Geld gespart oder ausgegeben haben, kann bis zum Ende der Laufzeit der Hypothek, die bis zu 30 Jahre dauern könnte, nicht vorhergesagt werden. Die Bestimmung des Wertes für beide Fälle ist äußerst schwierig und verlangt umfangreiche Beurteilungen. Unternehmen stehen ähnlich gewaltigen Aufgaben gegenüber, wenn sie Positionen von Derivaten einschätzen sollen.

Die Grundsätze ordnungsmäßiger Buchführung verfügten in den späten 90er-Jahren, dass Derivate zu ihrem fairen Wert verbucht und in der Bilanz als Vermögen oder Verbindlichkeiten aufgeführt werden müssen.

Der faire Wert kann sich jedoch täglich ändern, und es gibt nicht immer einen verlässlichen Markt, an dem man ihn messen kann. Hier sind Schätzungen erforderlich. Im Fall von Derivaten sind diese besonders schwierig anzustellen, weil es nur begrenzt Aufzeichnungen aus der Vergangenheit gibt. Dies macht die Anwendung grundsätzlicher Prinzipien besonders schwierig. Folglich wird dieser Vorgang leicht zum Ausgangspunkt für aggressive Buchhaltungsmethoden und für Betrug.

Die Regeln der GAAP zu Derivaten sind ebenso kompliziert wie die Derivate selbst und werden an dieser Stelle nicht näher diskutiert. Nützlich ist es zu wissen, dass die aktuellen Regeln eine ausführliche Diskussion darüber erfordern, wie ein Unternehmen diese Regeln anwendet und wie es bei der Buchung vorgeht. Das Value-Investing erfordert, dass man sich mit den entsprechenden Erklärungen intensiv befasst. Dies fördert das Verständnis dafür, wie das Management über Geschäfte und das Rechnungswesen denkt.

Die Tricks der Bilanzunwirksamkeit

Zu den übelsten Tricks bei der Buchführung – getreu dem Motto: »Hier ist nichts, was es zu buchen gäbe« – zählt das Thema »bilanzunwirksame Finanzierung«. Es ist eines der wenigen Buchführungsthemen, die der amerikanische Kongress in seinem Sarbanes-Oxley-Urteil konkret ansprach, als er in den späten 90er-Jahren auf die »vier großen Betrüger« reagierte. Enron benutzte Tausende von »Posten für besondere Zwecke«, um Schulden unterzubringen, deren Erträge die Zentrale des Unternehmens benutzte, die jedoch die Performance nicht belasteten. Viele Buchungen wurden von Enron-Vorständen initiiert, wodurch Verhandlungen einfacher wurden und ein Netzwerk von Interessenkonflikten entstand.

Ende des Jahres 2001 wurde deutlich, dass Enron es während der letzten vier Jahre versäumt hatte, diese Transaktionen mit verbundenen Unternehmen ordentlich auszuweisen mit dem Ziel, Bilanzunwirksamkeit zu erzielen. In einem ungeheuerlichen, jedoch nicht untypischen Fall hielt Enron Anteile an einem polnischen Unternehmen, die es nicht verkaufen konnte, und deshalb »verkaufte« man dieses polnische Unternehmen an eine dieser freundlichen Partnergesellschaften und verbuchte einen »Gewinn«. Dieser Gewinn wurde im Geschäftsbericht ausgewiesen, doch Einzelheiten darüber wurden nicht genannt.

Die anfänglichen Folgen waren niederschmetternd und machten die Sache nur noch schlimmer. 20 Prozent des Eigenkapitals der Aktionäre von Enron wurden ausgelöscht – insgesamt 2,2 Milliarden Dollar. Das Unternehmen stellte die Finanzen den letzten vier Jahre erneut dar und erzielte damit um 20 Prozent niedrigere Einnahmen als die bereits veröffentlichten kumulierten Nettoerlöse von fast 600 Millionen Dollar (96 Millionen Dollar im Jahr 1997, 113 Millionen Dollar im Jahr 1998, 250 Millionen Dollar im Jahr 1999 und 132 Millionen Dollar im Jahr 2000). In der Bilanz erhöhte diese Konsolidierung im Jahr 2000 die Schulden um schätzungsweise 628 Millionen Dollar und um ähnliche Beträge in den Vorjahren.

Die GAAP fordern, dass Transaktionen mit verbundenen Unternehmen, so wie in dem geschilderten Fall, veröffentlicht werden müssen. Sie sollen die Beziehungen zwischen den Parteien beschreiben, die Art und den Umfang der Geschäfte und ihre Auswirkungen auf die Finanzlage des Unternehmens. Die Darstellung muss transparent machen, wie die Konditionen erreicht wurden, wie die Methoden sich mit der Zeit verändert haben und, ganz entscheidend, dass sie nicht schon von weitem erkennen lassen, dass die Konditionen erzielt wurden, ohne dass die Forderung belegt wurde. Enron gab kurze und vage Hinweise auf diese Regeln, die die Existenz der Forderungen darlegten, aber veröffentlichte keine Einzelheiten zu diesen Übereinkommen.

Die Regeln, die sich auf die Bilanzunwirksamkeit der Eskapaden von Enron beziehen, sind ein wenig detaillierter. Investitionen in Aktien (mit einem Stimmrecht von weniger als 20 Prozent) werden in der Bilanz zum fairen Wert ausgewiesen, wobei die Gewinne, Verluste und Dividenden in der Regel in den Erlöskonten dargestellt werden. Mittelgroße Beteiligungen (20 bis 50 Prozent des Stimmrechts) werden als Kosten verbucht und dann jährlich korrigiert, um die Veränderungen im Eigenkapital der Investoren auf der Grundlage der Gewinne und Verluste darzustellen. Dabei werden Bardividenden als Umwandlung von Eigenkapital in Barmittel angesehen. Der Besitz von 50 Prozent der Stimmrechte (oder mehr) ist mit Kontrollrechten verbunden und erfordert eine Verbuchung auf konsolidierter Grundlage, was bedeutet, dass alle Vermögensteile und Verbindlichkeiten des Subunternehmens in die Bücher der Muttergesellschaft übernommen werden, abzüglich der Minderheitsbeteiligungen, die von anderen gehalten werden.

Diese Regeln führen das Management in Versuchung, die Grenzlinie zwischen Eigenkapital und Konsolidierungsmethoden zu überschreiten. Weshalb zum Beispiel sollte man nicht über Beteiligungen von genau 49,5 Prozent verhandeln anstatt über höhere Beteiligungen? Das bedeutet eine einzige Zeile in der Bilanz des Investors »Aktienbeteiligungen« zu korrigierten Kosten, während im Finanzbericht der Muttergesellschaft nicht alle Posten der Tochtergesellschaft aufgeführt sind, einschließlich der Verbindlichkeiten. Dies ist der Kern der Bilanzunwirksamkeit – bei der Vermögensteile für Sie arbeiten, ohne dass Sie diese und die damit verbundenen Kosten in Ihrer Bilanz ausweisen müssen.

So wie bei anderen Manipulationen in der Rechnungslegung, erschwert die bilanzunwirksame Finanzierung die Arbeit eines Value-Investors. Sie erfordert Korrekturen in der Bilanz und im Geschäftsbericht, um verborgene Verbindlichkeiten und Kosten zu finden. Die beste Strategie, mit den Verschleierungstaktiken umzugehen, besteht darin, Investitionen in solche Unternehmen zu meiden, deren Manager Finanzdaten undurchsichtig oder übertrieben kompliziert darstellen.

Pensionen und Betriebsrenten

Auch im Bereich Pensionsfonds kann das Rechnungswesen Unheil anrichten. Dies sind Fonds, die im Interesse von Angestellten gemanagt werden. Sie investieren das Anlegerkapital in Aktien, sodass der Wert des Kontos mit den Kursen der Kapitalanlagen steigt oder fällt. Ebenso schwankt die Höhe der voraussichtlichen Auszahlungen, da nicht klar ist, wann die Mitarbeiter in den Ruhestand gehen oder wann sie sterben. Es sind Schätzmethoden anzuwenden, um zu bestimmen, wie hoch der Wert der Investitionen ist und wann welche Zahlungsverpflichtungen eingelöst werden müssen.

Fondsmanager müssen beispielsweise die Renditen des investierten Vermögens abschätzen; ebenso müssen sie aktualisierte Schätzungen zum Alter der Belegschaft und zur Mortalität vornehmen. Dies kann dazu führen, dass das Vermögen die Verbindlichkeiten oder die Rücklagen übersteigt. Für das Unternehmen bedeutet dies Forderungen oder Verbindlichkeiten, und das Ergebnis wird in die Finanzberichte des Unternehmens übernommen. Auf eine dieser – zugegebenermaßen komplizierten – Regeln müssen Value-Investoren besonders achten:

Die GAAP erlauben es den Unternehmen, Ausschüttungen aus Pensionsrückstellungen als Kosten und Kapitalgewinne aus diesen Rückstellungen als Erlöse zu behandeln. Darüber hinaus dürfen nach GAAP die Schätzungen der erwarteten jährlichen Gewinne aus dem Vermögen der Pensionsrückstellungen als Maßstab für Erlöse dienen, selbst wenn sie nicht erreicht werden. Optimistische Schätzungen entsprechen unbegründeten Gewinnen.

Es ist nicht unüblich, dass Gewinne von zehn Prozent jährlich geschätzt werden, obgleich langfristige durchschnittliche Renditen auf Staatsanleihen nur sieben bis acht Prozent ausmachen. Diese einfache Zahl, die zudem ganz einfach zu bestimmen ist, stellt für Value-Investoren ein Hilfsmittel zur schnellen Überprüfung dar, um Unternehmen, in die man eigentlich investieren wollte, als ungeeignet auszusondern. Jedes Unternehmen, das mehr als neun oder zehn Prozent berechnet, kann guten Gewissens ausgeschlossen werden, wenn nicht besondere Umstände diese Schätzung rechtfertigen und andere Faktoren nicht in die entgegengesetzte Richtung weisen.

Aktienoptionen: kein Fall für die Buchführung

Wenn es um die Verschleierungstaktik »Nichtbuchung« geht, stehen Aktienoptionen an erster Stelle in der Beliebtheitsskala. Diese Instrumente wurden in vielen Unternehmen während der 90er-Jahre zur üblichen Art der Entlohnung von Führungskräften. Aktienoptionen verleihen das Recht, innerhalb eines bestimmten Zeitraums zu einem zuvor festgelegten Kurs Aktien zu kaufen. Normalerweise liegt dieser Kurs höher als derjenige, der zur Zeit der Gewährung der Optionen aktuell ist. Ziel dieser Maßnahme ist, den Empfängern der Optionen Anreize zu bieten, das Unternehmen erfolgreich zu führen – denn in diesem Fall steigen die Gewinne und dadurch auch der Aktienkurs, was dazu führt, dass die Empfänger von Optionen ein höheres Einkommen erzielen.

Aus politischen Gründen brachten die GAAP niemals den Mut auf, Aktienoptionen im Geschäftsbericht als Kosten zu behandeln. Barauszahlungen an Mitarbeiter stellen ohne Zweifel Aufwand dar. Und ohne Zweifel muss das auch für die Bezahlung mit Aktien gelten. Das übliche Argument gegen diese Behandlung der Aktienoptionen als Ausgaben lautet, sie seien sehr schwierig zu bewerten. Doch dieses Argument ist eine Farce: Erstens wurden Methoden dafür entwickelt, und es gibt einen Markt, auf den man bei der Bewertung zurückgreifen kann. Und zweitens ist diese Methode auch nicht schwieriger anzuwenden als viele andere Vorgehensweisen im Rechnungswesen und bei der Unternehmensbewertung. Die wahren Gründe sind vielmehr politischer Natur und beruhen auf Machtüberlegungen: Sie hatten es verhindert, dass die »vier großen Betrüger« Optionen als Aufwand verbuchten.

Das Hauptproblem bei der ganzen Angelegenheit ist der mangelnde politische Wille im amerikanischen Kongress, dieses Vorgehen auch offiziell zu fordern. Zwar haben die Kongressmitglieder darüber diskutiert, doch sie nahmen von der Sache sofort Abstand, als es Druck von dritter Seite gab, damit aufzuhören. Außer politischen Gründen gibt es nichts, was diesen Rückzieher erklären könnte, schafften es doch viele andere Bestimmungen des Gesetzes, das der Kongress als Reaktion auf die »vier großen Betrüger« verabschiedete, in den Bereich anderer Aufsichtsbehörden Einzug zu halten, die für derlei Aufgaben zuständig sind.

Die Politik verhinderte nicht, dass das FASB Veröffentlichungen zur Vergütung in Form von Aktienoptionen verlangte. Danach müssen die Unternehmen die möglichen Auswirkungen auf den Nettoerlös und den Gewinn je Aktie der im Umlauf befindlichen Optionen offen legen. Dies sind äußerst wichtige Einzelheiten für das Value-Investing, die Unternehmensführer, die eine ordentliche Verbuchung der Aktienoptionen vornehmen, direkt im Geschäftsbericht aufführen. Es könnte bald überflüssig werden, in den Fußnoten danach zu suchen. Doch Value-Investoren sind bei Unternehmen, die nicht bereit sind, schon auf der ersten Seite des Geschäftsberichts zu sagen, welche Kosten für die Aktionäre mit Aktienoptionen verbunden sind, äußerst vorsichtig.

Ein Kompromiss unter den Politikern ermöglichte es, eine andere Regel zum Rechnungswesen zu verabschieden, die sich auf variable Optionspläne bezieht (im Allgemeinen solche, bei denen der Ausübungskurs oder andere Konditionen abhängig von darauf folgenden Ereignissen variieren können). Die Maßgabe erfasst Aktienoptionen, bei denen der Ausübungskurs neu festgelegt wird. Dies ist dann der Fall, wenn zuvor gewährte Optionen ihren Zweck nicht erfüllen und der Aktienkurs unter den Ausübungskurs fällt, anstatt ihn zu übertreffen.

Dieses Vorgehen senkt den Ausübungskurs und stellt den Anreiz wieder her, der im Rahmen der ursprünglichen Gewährung der Optionen nicht funktionierte. Die GAAP besagen, dass dieses Vorgehen kostenwirksam verbucht werden muss. Doch es gibt einen Weg, diese Regel zu umgehen: Man storniert den ursprünglichen Plan, wartet eine bestimmte Zeit lang und gewährt neue Optionen. Damit kommen die Manager wieder zurück in ihre Scheinwelt, in der es nicht erforderlich ist, Aktienoptionen zu verbuchen.

Value-Investoren könnten über diese Strategie der Rechnungslegung unterschiedlicher Auffassung sein. So variieren beispielsweise ihre Ansichten darüber, wie Aktienoptionen verbucht werden sollen (außerdem darüber, aus welchem Grund sie überhaupt gewährt werden). Das Kernstück im Jahresbericht sind die Erläuterungen des Managements, warum Aktienoptionen zur Entlohnung verwendet werden und auf welche Weise sie gebucht werden. Die Art und Weise, wie diese Erläuterungen gestaltet sind, kann ein starkes Indiz für die Qualität und die Integrität des Managements sein, ebenso wie der generell sparsame Umgang mit Optionen und eine höchst konservative Rechnungslegung. Das beurteilen Value-Investoren selbst.

simplified

12 Wie kauft man Aktien?

Value-Investing erfordert harte Arbeit. Da stellt sich die Frage, ob es eigentlich die Zeit wert ist, einzelne Unternehmen gründlich zu analysieren. Sollte man nicht besser anderen die Arbeit überlassen und dann deren Analyseergebnisse für die eigene Auswahlentscheidung nutzen?

Dies wäre das Rezept für ein Herdenverhalten mitten im Wirbel der Marktschwankungen: Man tut sich mit den Massen vom Aufschwung bis zum Einbruch der Notierungen zusammen, reitet auf der Welle der Euphorie in luftige Höhen und leidet dann unter dem deprimierenden Abschwung. Weil der Mensch ein geselliges Wesen ist und auch aus psychologischen Gründen fühlt man sich inmitten all der anderen Anleger sicherer. Wir alle stecken mitten im gleichen Schlamassel, und in schlechten Zeiten ist es angenehm, nicht allein zu sein. Dies erklärt, warum all jene Kapitalanlagen, die nicht dem Prinzip des Value-Investings folgen, in den Augen der Anleger so attraktiv sind.

Doch die Herdenstrategie ist, finanziell gesehen, weit weniger ertragreich – eine Tatsache, die wir aus der Vergangenheit kennen. Und das ist auch der Grund dafür, dass Value-Investoren im Vergleich zu den Anhängern der Herdenstrategie erfolgreicher sind, auch wenn die Value-Strategie weniger Anhänger hat. Ungeachtet dessen findet man in so gut wie allen Formen der Kapitalanlage Spuren des Value-Investings – ob dies den Anlegern nun bewusst ist oder nicht, sei dahingestellt –, und sie finden in allen Anlagemöglichkeiten in Aktien Anwendung. Diese Spuren und ihre universelle Anwendbarkeit machen einen Teil dessen aus, was Value-Investing ist: Value-Investing ist echtes Investieren.

Bei Aktien versuchen Value-Investoren, solche Titel zu finden, die, nach den Ergebnissen einer vorausgehenden Bewertung, am billigsten sind und eine möglichst große Sicherheitsspanne bieten. Diese Vorgehensweise zeugt in gewisser Weise von Geiz: Value-Investoren minimieren die Kosten einer Kapitalanlage, konkret: Sie halten die Transaktionskosten, die

Provisionen und die anfallenden Steuern gering. Zwar heißt Value-Investing nicht, dass man diese Kosten zur Grundlage der Anlageentscheidung machen sollte, doch ein Value-Investor kann diese Kosten nicht vernachlässigen, wenn er die Rendite hochrechnet und die Auswahl trifft.

Indexfonds und Value-Investing

Was haben Value-Investing und langfristige Anlagen in einen Indexfonds gemeinsam? Es hat zwar den Anschein, dass ein Indexfonds dem Anleger die Arbeit, die beim Value-Investing anfällt, abnimmt. Doch diese Ansicht ist ein wenig irreführend.

Indexfonds sind Investmentfonds, bei denen Kapital aus den unterschiedlichsten Branchen gesammelt wird. Indexfondsmanager kaufen sämtliche Aktien, die ein breit angelegtes Marktsegment repräsentieren und die als Vergleichsmaßstab indexiert werden. So stellt beispielsweise die Rating-Agentur Standard & Poor‘s den S&P 500 dar.

Die Manager von Indexfonds entscheiden, welche der vielen möglichen Indizes sie nachbilden. Die Auswahl ist groß, sie reicht vom S&P 500, der 500 große Aktiengesellschaften enthält, über den Russell 2000 mit seinen kleineren Aktiengesellschaften bis zum Wilshire 5000, einer bunten Mischung aus den verschiedensten börsennotierten Unternehmen. Im stetigen Wettbewerb um Kapital, das investiert werden soll, verkündet so mancher Fondsmanager stolz, dass sein Index eine bessere Performance aufweist als andere. Doch Anleger, die sich für Indexfonds entscheiden, kennen die Grenzen, die auch für Fondsmanager gültig sind. Sie wissen, dass sie nicht besser sein können als der Gesamtmarkt, gleichgültig, ob es nun daran liegt, dass sie zu wenig Zeit haben, zu geringe Kenntnisse oder zu wenig Anlagekapital.

In Phasen des wirtschaftlichen Aufschwungs funktionieren Indexfonds besonders gut. Bei konjunkturellen Abschwüngen jedoch sehen sie erbärmlich aus. Wenn Sie Ihre Aktien in einer Phase steigender Notierungen kaufen, dann halten Sie sich selbst für schlau und fühlen sich reich. Wenn Sie die gleichen Aktien allerdings in einer Börsenphase sinkender Notierungen besitzen, fühlen Sie sich, sagen wir es vorsichtig, intellektuell schwach, und was die finanzielle Seite betrifft, tragen Sie sich mit Selbstmordgedanken. Spaß beiseite: Indexfonds wachsen während einer Hausse, und in der Baisse geht der beste Weg, den Sie einschlagen sollten, wenn Sie sich außerstande sehen, aus der breiten Auswahl an Aktien die Spreu vom Weizen zu trennen und die wirtschaftliche Realität von jener Sichtweise zu unterscheiden, die bei der breiten Anlegermasse gerade populär ist.

In Aktien zu investieren ist und bleibt eine riskante Angelegenheit, ob man nun lediglich eine einzige Aktie besitzt oder einen indexierten Teil des gesamten Marktes. Um Value-Investing kommen selbst die Anhänger von Indexfonds nicht umhin: Als Anleger braucht man gewisse Grundkenntnisse für die Einstellung, dass der Wert eines Unternehmens wichtiger ist als der Kurs seiner Aktien. Denn so viel sagen einem schon der gesunde Menschenverstand und die Erfahrung. Ein passiver Investor ist ein Widerspruch in sich. Das gilt für die Aktionäre von Ford oder Exxon-Mobil ebenso wie für die Anleger in Fonds von Vanguard oder Fidelity. Einzelne Aktien sind in Bewegung, ebenso wie ganze Märkte. Beide können steigen, und beide können fallen. Bärenmärkte, also Phasen sinkender Kurse, dauern oft Jahre, manchmal sogar Jahrzehnte.

Aktienfonds

Aktienfonds können auch von professionellen Stock Pickers – Stock Picker sind Fondsmanagern, die gezielt bestimmte Aktien auswählen – betreut werden. Investoren erwerben eine Beteiligung und bezahlen den Profis eine Gebühr; dies macht diese Strategie ein wenig teurer als die Anlage in reine Indexfonds. Wenn man der Werbung glaubt, dann wird diese Gebühr durch die Performance wieder wettgemacht, doch in der Realität kommt das eher selten vor. Die Titelauswahl bei Aktienfonds betrifft sowohl den Kauf als auch den Verkauf, und deshalb hat sie für den Investor auch steuerliche Konsequenzen. Diese unterliegen der Kontrolle der Fondsmanager und nicht der des Anlegers.

Einige Investmentfonds sind geschlossen, das heißt, wenn Sie sich in einen solchen Fonds einkaufen wollen, dann müssen Sie die Anteile eines Investors erwerben, der diese Anteile besitzt. Normalerweise geschieht dies im Rahmen einer Transaktion an der Börse. Weitaus zahlreicher sind die offenen Fonds, bei denen jeder direkt bei der Fondsgesellschaft einen Anteil kaufen und auch wieder verkaufen kann. Beide Arten, sowohl die geschlossenen als auch die offenen Fonds, bieten dem Anleger gegen eine Gebühr für ein professionelles Management die Gelegenheit, sein Portfolio zu diversifizieren.

Um es noch einmal zu betonen: Bei der Kapitalanlage gibt es keine Möglichkeit, sich im Sessel zurückzulehnen. Letztlich sind alle Arten der Kapitalanlage – Indexfonds, Technologiefonds, Wachstumsfonds oder ein Portfolio aus verschiedenen Aktien – mit Werten verbunden. Was Value-Investoren von anderen unterscheidet, ist die Tatsache, dass sie die erforderlichen geistigen Anstrengungen bereits vor der Anlageentscheidung unternehmen.

Reinvestition von Dividenden

Um die steuerlichen Folgen der Kapitalanlage in Aktien zu kontrollieren, kann man gezielt einzelne Titel kaufen und verkaufen. Pläne zur Reinvestition der Dividenden (dividend reinvestment plans = DRIPs) sind eine attraktive Methode. Hierunter versteht man in der Regel Programme, die provisionsfrei von einzelnen Aktiengesellschaften angeboten werden und bei denen der Investor die Möglichkeit hat, die Dividendenzahlungen regelmäßig in neue Aktien zu reinvestieren und auf diese Weise seine Beteiligung aufzustocken.

DRIPs sind sehr sinnvoll für solche Anleger, die sich Selbstdisziplin auferlegen wollen – Selbstdisziplin dergestalt, dass man seinen Kapitalanlagen kontinuierlich weiteres Geld zuführt. Zwar ist dies keine spezifische Eigenschaft des Value-Investings, doch dem Value-Investor macht es das Leben schlichtweg einfacher: Ausgezahlte Dividenden auf Aktienanteile werden nach der Verkündung automatisch reinvestiert und nicht an den Aktionär ausbezahlt. Um die Wiederanlage seines Geldes braucht er sich nicht zu kümmern.

Bei Unternehmen, die regelmäßig Dividenden ausschütten, bedeutet dies, dass der Aktienbesitz eines Anlegers regelmäßig ausgeweitet wird. DRIPs bieten den Aktionären in der Regel die Möglichkeit, zu bestimmten Zeitpunkten einen bestimmten Betrag vom Bankkonto abbuchen zu lassen, um zusätzliche Aktien zu kaufen. Die Anleger können die Termine bestimmen, etwa den Tag nach der Dividendenauszahlung. Auf diese Weise entsteht eine Anlagedisziplin, die dem Investor beträchtliche Summen einbringen kann.

Ein wichtiger Vorteil von DRIPs besteht in der Regelmäßigkeit der Einzahlungen: Ihr Geld wird in regelmäßigen Abständen investiert, gleichgültig ob der Kurs der Aktie unter oder über dem Wert des Unternehmens liegt. Wenn Sie diese Anlagestrategie über einen längeren Zeitraum durchziehen, gelingt es Ihnen, Aktien zu geringeren durchschnittlichen Kosten zu kaufen als zum Durchschnitt der Kurse an jedem willkürlichen Kaufdatum. Diese Vorgehensweise nennt man »Cost Averaging«.

Zwar ist dies sicherlich kein reines Value-Investing, doch kann das Cost Averaging mit DRIPs eindrucksvolle Anlagegewinne bewirken. Und das macht eben das Value-Investing mit DRIPs aus: DRIPs und Cost Averaging verringern die Zahl der Entscheidungen, die ein Anleger treffen muss. Zudem sind sie attraktiv, weil nur wenige Aktien genau den definierten Kriterien des Value-Investing entsprechen. Value-Investoren beobachten die Wertentwicklung eines Unternehmens und werden nur dann tätig, wenn die zuvor festgelegten grundlegenden Faktoren ein bestimmtes, zuvor festgelegtes Niveau erreicht haben und sie aus diesem Grund nicht mehr weiter kaufen oder verkaufen wollen.

Börsennotierte Fonds

An den Finanzmärkten wird die Produktauswahl immer vielfältiger. Zur Palette der neuartigen Anlageprodukte zählt der börsennotierte Fonds (exchange traded fund = ETF). ETFs sind eine Mischung aus Aktien und Investmentfonds; im Jahr 1993 zum ersten Mal aufgelegt, bieten sie heute mehr als 100 Varianten für den Anleger. ETFs wurden während des Technologie-Booms immer beliebter, wobei enorme Kapitalströme an den Nasdaq 100 ETF (Tickersymbol: QQQ) flossen.

ETFs sind verwandt mit offenen Investmentfonds, in denen das eingezahlte Kapital der Investoren zusammengefasst wird, um damit Aktien zu kaufen und zu verkaufen: Die Bewertung des Fonds beruht auf dem Nettoanlagewert des Portfolios; es können unendlich viele neue Anteile ausgegeben werden. Darüber hinaus sind ETFs mit Aktien und geschlossenen Fonds verwandt, weil der Kurs während eines Handelstages ständig neu ermittelt wird (der Kurs der Anteile an offenen Investmentfonds wird nur einmal täglich ermittelt, und die Anteile können nur einmal täglich zum Nettoanlagewert, der bei Börsenschluss ermittelt wird, gekauft und verkauft werden).

Die Aktien bei ETFs basieren in der Regel auf einem Index und werden nicht von Fondsmanagern ausgewählt. Beispiel: der Nasdaq 100 (QQQ). Er besteht aus Anteilen an all den 100 Unternehmen, aus denen dieser Index gebildet wird. Weitere Beispiel sind die iShare-Serie, die von Barclays Global Investors angeboten wird, und SPDR, das Produkt für den S&P 500 von State Street Global Advisors. ETFs erfassen den Dow Jones, aber auch kleinere Marktnischen wie Small Caps (Unternehmen mit geringer Marktkapitalisierung) oder die Emerging Markets, also Aktien von Unternehmen in Schwellenländern. In der Gunst der Anleger steigen derzeit Anleihen-ETFs; einige konzentrieren sich auf Industrieanleihen, andere wiederum auf Staatsanleihen.

Die laufenden Kosten für den Anleger sind bei ETFs normalerweise geringer als bei Investmentfondsgesellschaften, denn Letztere zahlen ihren Fondsmanagern für eine gekonnte Aktienauswahl zum Teil satte Gehälter. Da derlei Kosten bei ETFs nicht anfallen, liegen die Gebühren meist auf dem Niveau der Indexfonds. Einige ETFs sind sogar billiger als Indexfonds, weil die Verwaltungsarbeit von Brokern erledigt wird, die auch kaufen und verkaufen, was der Fonds selbst nicht macht. Allerdings arbeiten auch Broker nicht umsonst, und deshalb können die Transaktionskosten die Ersparnisse an den regelmäßigen Gebühren wieder auffressen.

Alles in allem lässt sich sagen: Wer einmalig große Summen anlegen will, sollte sich für ETFs entscheiden (eine Vorauszahlung beim Broker, jedoch geringere jährliche Gebühren). Wer jedoch nach dem Prinzip des Cost Averaging Vermögen aufbauen will, ist bei Investmentfonds besser aufgehoben (höhere Jahresgebühren, jedoch kein Honorar für den Broker).

Hedgefonds

Möglicherweise werden Broker bald Hedgefonds für Privatanleger anbieten dürfen. Hedgefonds gelten als **die** Innovation bei den Finanzdienstleistungen; bis Mitte des Jahres 2000 waren sie den sehr vermögenden Anlegern vorbehalten. Unterstellt man, dass Hedgefonds-Anlagen den gleichen Weg gehen, den andere Investmentinstrumente gegen Ende des 20. Jahrhunderts gegangen sind, dann könnte sich dieser Vertriebsweg stark ausweiten. Die wichtigste Tätigkeit für einen Broker wäre in diesem Fall eine Kombination aus dem sofortigen Kauf von Wertpapieren und dem gleichzeitigen Begrenzen nach unten und nach oben, wobei eine Mischung aus Put- und Call-Optionen zum Einsatz käme.

Hedging bezeichnet eine Vorgehensweise, bei der Anlagepositionen eingegangen werden, die das Potenzial für Gewinne und Verluste begrenzen. Nehmen wir an, die Stammaktie von Microsoft wird am 3. Februar zu 23,70 Dollar gehandelt. Der Manager eines Investmentfonds kauft zu diesem Kurs eine große Anzahl dieser Aktie. Der Manager eines Hedgefonds kauft einige Microsoft-Calls und »zeichnet« (verkauft) andere. Nehmen wir an, er kauft »Microsoft 22,50 Dollar Calls zu 3,20 Dollar« (die 22,50 Dollar benennen den Ausübungskurs, und die 3,20 Dollar stellen die Kosten dar) und zeichnet »Microsoft Juli 32,50 Dollar Calls zu 0,25 Dollar«. Alle laufen am 20. Juli aus.

Nehmen wir weiter an, dass die Aktie von Microsoft am 20. Juli zu 40 Dollar gehandelt wird. Wenn der Manager des Investmentfonds die Aktie verkauft, gewinnt er 16,30 Dollar je Aktie. Das heißt, er gewinnt 40 Dollar minus 23,70 Dollar je Aktie. Wenn der Manager des Hedgefonds und sein Gegenüber ihre Option ausüben, dann gewinnt er 7,05 Dollar je Aktie. Das heißt, er kauft zu 22,50 Dollar und verkauft zu 32,50 Dollar. Somit erzielt er einen Gewinn von 10 Dollar. Dann werden die 3,20 Dollar abgezogen, die er für die Call-Option bezahlt hat, und er addiert die 0,25 Dollar aus dem Zeichnen des Calls hinzu.

Gehen wir jedoch davon aus, dass am 20. Juli Microsoft zu 15 Dollar notiert. Wenn der Manager des Investmentfonds die Aktien verkauft, dann verliert er 8,70 Dollar je Aktie. Das heißt, er verliert 23,70 Dollar abzüglich 15 Dollar. Der Manager des Hedgefonds verliert 2,95 Dollar je Aktie. Beide Optionen sind aus-dem-Geld, und die Nettokosten der Option betragen 2,95 Dollar (3,20 Dollar minus 0,25 Dollar).

Danach bietet eine Long-Position höhere Gewinne (16,30 Dollar), aber der Anleger geht damit auch ein höheres Risiko ein (Verlust von 8,70 Dollar). Die abgesicherte Position (engl. to hedge = absichern) begrenzt den Bereich in beide Richtungen (der Gewinn wird bei 7,05 Dollar begrenzt, doch auch der Verlust ist nicht größer als 2,95 Dollar).

Manager von Hedgefonds bezeichnen sich manchmal als Vertreter verschiedener Anlagestile, einschließlich des Value-Investings. Dies kann jedoch möglicherweise irreführend sein. Ein Fonds kann sich zwar mit der Fundamentalanalyse befassen, so wie es Value-Investoren tun. Doch Value-Investing ist mehr als nur eine Fundamentalanalyse. Die Absicherungsstrategien gegen Risiken sind Grundlagen wie beispielsweise der Kompetenzbereich und insbesondere die Sicherheitsspanne, nicht jedoch Calls und Puts.

Die Instrumente, die Hedgefonds benutzen, stammen aus der modernen Finanztheorie. Wenn man mit Blick auf das Value-Investing von »Absicherung« durch einen Hedgefonds spricht, dann bezieht sich diese Absicherung darauf, das aus der Kursvolatilität resultierende Risiko zu minimieren, und nicht darauf, Unternehmenswerte zu beurteilen. Dessen müssen sich Value-Investoren bewusst sein, wenn Hedgefonds der breiten Öffentlichkeit zugänglich werden.

Nun noch ein letztes Wort zu Hedgefonds: Oft steckt in der Wortbezeichnung mehr als in der praktischen Anwendung. Viele Hedgefonds üben überhaupt kein »Hedging« aus. Stattdessen kaufen und verkaufen sie Wertpapiere auf die gleiche Art und Weise wie ein ganz gewöhnlicher Investmentfonds. Der wichtigste Unterschied zu diesen scheint zu sein, dass nach dem amerikanischen Wertpapiergesetz Investmentfonds als »Anlagegesellschaften« stark reguliert sind, während Hedgefonds diese Regulierung umgehen können. Wenn allein schon der Skandal um Investmentfonds in den ersten Jahren des neuen Jahrtausends einen großen Wirbel verursacht hat, dann sollten Sie sich als Anleger in den nächsten Jahren vor einem ähnlichen Skandal bei Hedgefonds in Acht nehmen.

simplified

13 Alternativen zu Aktien

Value-Investoren vergleichen, allein schon aus reiner Gewohnheit, Preis und Wert. Diese Einstellung bezieht sich nicht nur auf Aktien, sondern auf alle Kapitalanlagen. Die Angewohnheit, Preis und Wert in Relation zueinander zu setzen, ist bei einigen Vermögenswerten stärker ausgeprägt als bei anderen. Immobilien sind ein gutes Beispiel: Die Menschen sind intuitiv in der Lage zu verstehen, wann sie bei Immobilien »ein gutes Geschäft« machen, doch viele zeigen weniger Intuition, wenn es um die Kapitalanlage in Aktien geht. Genauso ist es bei Gütern wie Autos und bei Krediten oder Leasinggeschäften, um ihren Kauf zu finanzieren.

Die Märkte zeigen, wie klein offensichtlich der Unterschied zwischen Preis und Wert ist. Anleihen sind dafür ein gutes Beispiel. Diese Papiere weisen Merkmale wie Laufzeit und Zinssatz auf, was bei Stammaktien nicht der Fall ist. Dies macht es für Anleger einfacher, sich über ihren Wert zu einigen, und führt zu Preisen, die den Wert besser reflektieren. Weil Stammaktien diese Merkmale nicht aufweisen, sind die Anleger versucht zu glauben, dass Unterschiede zwischen Preis und Wert wahrscheinlich bei Stammaktien nicht vorkommen.

Und so stellen die Alternativen zu Aktien die Allgemeingültigkeit der Prinzipien der an Werten orientierten Kapitalanlage dar und verstärken das zentrale Element der Relation zwischen Preis und Wert. Dies rechtfertigt es, einige Alternativen zu Aktien zusammenzufassen.

Anleihen

Für jedes Unternehmen gilt: Anleihen sind grundsätzlich sicherer als Aktien. Während Aktien nichts versprechen und im Fall eines Konkurses die Aktionäre zuletzt befriedigt werden, werden Anleihen bei einem Konkurs vorrangig bedient und bieten eine festgelegte Rendite: Zudem gibt es Anleihen mit bestimmten Zusicherungen, die zusätzliche Sicherheit bieten. Allerdings stellen Anleihen eine Investition in einen bestimmten Emittenten dar, und insoweit gelten die gleichen Bewertungen und Analysen wie für Aktien: Halten Sie sich an qualitativ hochwertige Unternehmen innerhalb Ihres Kompetenzbereichs, die von vertrauenswürdigen und fähigen Managern geführt werden.

Anleihen sind Schuldscheine. Der Emittent verspricht, den geborgten Betrag (das Grundkapital) zusammen mit regelmäßigen Zinsbeträgen zurückzuzahlen. Die Zusicherungen machen es erforderlich, verschiedene finanzielle Polster anzulegen, damit die Anleihen wirklich zurückbezahlt werden. Ferner beschränken sie das Recht des Emittenten, Barmittel auszugeben, um sicherzustellen, dass die Zahlungen auch wirklich geleistet werden können. Schließlich sind sie im Vergleich zu Aktien vorrangig für den Fall, dass der Emittent insolvent wird oder in Konkurs geht.

Öffentliche Anleihen werden an einem Sekundärmarkt gelistet, etwa an der New York Stock Exchange (NYSE), wo Investoren damit handeln können. Sie werden mit Prospekten ausgegeben, die genaue Informationen zum Unternehmen des Emittenten und die spezifischen Merkmale der Anleihe enthalten. Die Emittenten reichen bei der SEC (Security Exchange Commission) und bei Rating-Agenturen, etwa Standard & Poor's, Moody's und Fitch, regelmäßig Berichte ein, und diese analysieren die Kreditwürdigkeit der Anleihe(Rating).

Die allgemeinen Kreditbedingungen und die Kreditwürdigkeit des Emittenten bestimmen den Kurs, also den Zinssatz auf die Schulden. Wendet man die allgemeinen Grundregeln der Vermögensbewertung an, stellt der Wert einer Anleihe den Gegenwartswert der künftigen Cashflows dar. Dies sind (1) die regelmäßigen Zinszahlungen zuzüglich (2) das eingesetzte Kapital, das am Ende der Laufzeit zurückgezahlt werden muss. Der Zinssatz, der dieser Wertberechnung zugrunde gelegt wird, ergibt eine akzeptable Rendite, die das Kreditrisiko des Emittenten und die aktuellen Konditionen auf dem Kreditmarkt widerspiegelt.

Der Wert von Anleihen verändert sich, wenn sich die Kreditwürdigkeit des Emittenten ändert und wenn die Zinssätze an den Kreditmärkten schwanken. Im Allgemeinen weisen Anleihen, im Vergleich zu Aktien, in einer Aktien-Hausse niedrige Kurse auf, doch erzielt man in Form der Zinszahlungen einen regelmäßigen Kapitalertrag. In einer Aktien-Baisse sind Anleihen einem geringeren Risiko ausgesetzt als Aktien.

Wenn die Bonität eines Emittenten abnimmt – das heißt, wenn der Verschuldungsgrad deutlich ansteigt oder der Emittent nicht mehr liquide ist oder der Kreditmarkt pessimistisch wird und die Zinssätze steigen –, sind höhere Abzinsungsraten erforderlich, um die Cashflows der Anleihe zu bewerten. Wenn sich die Bonität des Emittenten oder die Situation auf dem Kreditmarkt bessert, dann werden niedrigere Zinssätze geboten.

In beiden Fällen unterscheidet sich der Nennwert der Anleihe vom Gegenwartswert des Cashflows. Der Unterschied besteht entweder in einem Aufschlag (wenn die Anleihe höher als zum Nennwert gehandelt wird) oder in einem Abschlag (wenn die Anleihe unter ihrem Nennwert gehandelt wird).

Da sich der Marktwert von Anleihen ändert, entsprechend den Schwankungen der Zinssätze, verändert sich auch die Rendite für den Besitzer der Anleihe. Diese Rendite nennt man Effektivzins oder Marktkurs. Bei Anleihen, die mit einem Abschlag gehandelt werden, ist der Effektivzins höher als der Coupon. Bei Anleihen, die mit einem Aufschlag gehandelt werden, ist der Effektivzins niedriger als der Coupon.

Diese Beziehungen reflektieren die umgekehrte Beziehung zwischen dem Wert einer Anleihe und den vorherrschenden Marktzinssätzen. Steigen die Zinssätze, dann fällt der Wert der im Umlauf befindlichen Anleihen und umgekehrt. Nehmen wir an, eine Anleihe hat einen Coupon von zehn Prozent. Wenn der Zins auf dem Markt auf fünf Prozent fällt, dann ist die Anleihe mehr wert als eine neu emittierte Anleihe (immerhin ist es besser, zehn Prozent zu bekommen als nur fünf Prozent). Steigen die Zinsen auf 15 Prozent, so ist sie weniger wert (man kann bessere Renditen erzielen, wenn man neu emittierte Anleihen kauft). Eine Erkenntnis lautet: Der Kauf von Anleihen ist besonders produktiv, wenn die Zinsen sich, im Vergleich zur Vergangenheit, auf einem hohen Niveau befinden – es ist in diesem Fall wahrscheinlicher, dass sie fallen –, als auf niedrigerem Niveau.

Anleihenanalysten neigen zu mehr Objektivität als Aktienanalysten. Kredit-Rating-Agenturen treiben einen hohen Analyseaufwand, um die Anleihen zu bewerten und einzustufen, doch sind sie nicht daran interessiert zu kaufen oder zu verkaufen. Größere Investmentbanken analysieren Aktien; der Handel mit Aktien findet in anderen Abteilungen dieser Häuser statt.

Insbesondere institutionelle Anleger erledigen die gleiche Arbeit wie Rating-Agenturen. Das bedeutet normalerweise, dass dann, wenn eine Rating-Agentur eine Herabstufung vornimmt, sie einem vorherigen Abwärtsdruck folgt und damit neuen Druck erzeugt. Durch diesen Doppeleffekt wird die Herabstufung oft übertrieben, und das ist der Grund dafür, dass so manche Anleihe nach einer Herabstufung zu einer echten Kaufgelegenheit wird. Kommt es umgekehrt zu einer Heraufstufung, entstehen häufig ungerechtfertigt hohe Kurse.

Anleihen zahlen natürlich nicht mehr an den Investor aus, als sie versprechen, während sich Aktionäre höherer Einnahmen erfreuen können, wenn die Performance des Unternehmens gut ist. Eine Möglichkeit, eine Wette abzusichern, besteht darin, einen »Mix« zu kaufen, nämlich Wandelanleihen.

Wandelanleihen

Wandelanleihen bieten einem Investor die relative Sicherheit einer Anleihe und gleichzeitig die Vorteile einer Aktie. Das Anleihen-Merkmal feste Einnahmen hilft den Anlegern, unbeschadet durch Börsenabschwünge zu kommen. Das Merkmal der Wandelbarkeit verleiht dem Papier ein Gewinnpotenzial. Diese Kombination bedeutet für den Investor: Die Anleihenkomponente ist relativ einfach zu bewerten und wahrscheinlich mit einem entsprechenden Kurs versehen. Der Wert der Aktienkomponente ist variabler und eröffnet Möglichkeiten zu Meinungsverschiedenheiten und Diskrepanzen zwischen Kurs und Wert.

Sicherheit hat natürlich immer ihren Preis, und die Wandelanleihe macht da keine Ausnahme. Der Kurs im Fall von Wandelanleihen entspricht etwa einem Drittel jener Gewinne, auf die der Investor verzichtet, wenn sich die entsprechende Aktie gut entwickelt. Dem steht jedoch der Vorteil gegenüber, dass im Falle eines Kursrückgangs bei der Aktie nur zwei Drittel dieses Verlusts bei der Wandelanleihe anfallen. Die Differenz, die in der Kosten-Gewinn-Matrix erkennbar wird, ist auf das Polster zurückzuführen, das der feste Zinssatz und die Rückzahlung des Grundkapitals bieten, während die Aktionäre in einer Baisse möglicherweise nichts erhalten.

Betrachtet man die Liquidität, dann bieten Anleihen eine bessere Rendite, weil die Zinserträge, die von den Emittenten gezahlt werden, höher sind als die Dividenden auf Stammaktien. Diese Spanne wird bei aggressiven, optimistischen Unternehmen größer: Sie reinvestieren den größten Teil ihrer Nettoerlöse und rechnen damit, dass dies die Erlöse noch weiter erhöhen wird und den Aktienkurs steigen lässt, was es für Anleger wiederum attraktiv macht, Anleihen in Aktien zu wandeln.

Bei reinen Anleihen sind die Bewertungen der Rating-Agenturen von größerer Bedeutung, und sie sind auch genauer als bei Wandelanleihen. Die Analysten machen die Kreditwürdigkeit an der Fähigkeit des Emittenten fest, die Zinszahlungen bei Fälligkeit leisten zu können. Das gilt auch für Wandelanleihen.

Der Markt für Wandelanleihen tendiert dazu, weniger effizient zu sein als der Aktienmarkt oder der für Anleihen. Damit sind die Aussichten gut, Wandelanleihen zu finden, die einen anderen Kurs haben, als es dem höheren Wert entspricht. Als solche sind Wandelanleihen zu allen Marktbedingungen attraktiv, also sowohl in einer Baisse als auch in einer Hausse: In einem Aufschwung sind sie wegen des Kursgewinns der Aktie sicher und in einem Abschwung wegen einer sanften Landung auf dem Niveau der Zinszahlungen und der Rückzahlung des eingesetzten Kapitals weit über dem niedrigen Niveau – nämlich null –, das für Aktionäre gilt.

Wandelanleihen eignen sich wahrscheinlich am besten für diejenigen Anleger, die einen kleineren Zeithorizont haben, die also beispielsweise kurz vor dem Ruhestand stehen oder in Kürze das Geld für andere Zwecke benötigen. Ein weiterer Vorteil: Wenn man aus Wandelanleihen Gewinne erzielen möchte, erfordert dies einen etwas praktischeren Ansatz als bei reinen Aktien, weil das Merkmal der Wandelbarkeit beim Emittenten die Rückzahlung auslösen kann. Wenn der Wert der Wandelbarkeit den Schuldwert der Anleihe übersteigt, könnte es sein, dass der Besitzer der Anleihe sich innerhalb kurzer Zeit zur Wandlung entschließen muss.

Immobilien

Die meisten Anleger, die Immobilien kaufen, glauben anscheinend, dass es möglich ist, ein »gutes Geschäft« zu machen. Damit meinen sie die Möglichkeit, dass Wert und Preis zwei Paar Stiefel seien. Das bedeutet: Wenn es um eine Immobilie geht nehmen Anleger intuitiv die Haltung eines Value-Investors ein.

Der Immobilienbesitz ist in den USA stetig gestiegen, genährt durch staatliche Unterstützung und durch den Handel mit Hypotheken an Sekundärmärkten. Dies spiegelt auch die steuerliche Abzugsfähigkeit der Hypothekenzinsen auf Hauptwohnsitz-Immobilien und der Grundsteuern wider. Wenn man auch nur eine bescheidene Anzahlung leistet (in den USA zehn bis 20 Prozent), nutzen die meisten Menschen die Hebelwirkung, wenn mehr Vermögen für sie arbeiten soll.

Außer in Zeiten spekulativen Fiebers, das zu bestimmten Zeiten bestimmte Anlagethemen erfasst, steigt der Wert von Immobilien zuverlässig. Immobilien sind eine vernünftige Kapitalanlage, die das Vermögen der Investoren mehrt. In Amerika konnte man in den vergangenen Jahrzehnten dies an der Wertsteigerung der Erstwohnsitz-Immobilien feststellen. Niedrige Zinssätze führen zu mehr Refinanzierungen, weil die Beträge für den Schuldendienst sinken und so die Liquidität steigt.

Der Kauf von Zweitwohnsitz-Immobilien als Urlaubsdomizile oder von Mietobjekten wurde für amerikanische Familien ebenfalls attraktiver und blieb nicht den »Oberen Zehntausend« vorbehalten. Insbesondere in Zeiten niedriger Zinsen und Gewinnmitnahmen an den Börsen bieten diese Märkte attraktive und an Werten orientierte Anlagemöglichkeiten.

Die grundlegenden Bewertungsprinzipien des Value-Investings können auch hier angewendet werden. Wichtig bleibt, dass man einen Preis zahlt, der deutlich unter dem eigentlichen Wert liegt. Das Vermeiden der übertriebenen Hebelwirkung ähnelt dem Vermeiden des Tradens von Aktien auf Margin. Hier kann sich Geduld als wertvoll erweisen.

Ein weiterer Vorteil von Immobilienbesitz ist, dass der Eigentümer der Manager seines eigenen Vermögens ist: Er betreut das Haus, hält es in Schuss, bestimmt die erforderlichen Reinvestitionen, um das Projekt zu pflegen und den Wert zu erhöhen. An Werten orientierte Investoren sind sicher, derartige Aufgaben lösen zu können, oder sie übertragen diese Aufgaben an jemanden, der sie erledigen kann. Dies gilt erst recht für Ferienwohnungen oder vermietete Wohnungen, weil die Eigenverwaltung hier möglicherweise logistische Probleme aufwerfen könnte.

Zu den Finanzinstrumente, die Kapital in Immobilien lenken und während der 90er-Jahre besondere Beliebtheit erlangten, zählen Immobilienfonds (in den USA REITs genannt = real estate investment trust). In REITs werden Investitionen zusammengefasst, die Anleihen oder Aktien an Investoren ausgeben und mit den Erlösen Immobilien kaufen und unterhalten. Diese Immobilienfonds können sich auf ausgewählte Projekte konzentrieren, etwa auf Bürogebäude oder Mietwohngebäude, oder auf bestimmte Regionen.

Der Wert eines Immobilienfondsanlage wird durch Veränderungen im Wert der Objekte oder der Kredite, die der Fonds gewährt hat, bestimmt. Er ist abhängig von den Cashflows aus den Objekten, die sich im direkten Besitz der Fondsgesellschaft befinden. Die Vor- und Nachteile von REITs sind mit denen der Immobilien in direktem Besitz verknüpft. Die Vorteile liegen auf der Hand: Die Akquisition ist einfach, es ist nur ein geringes Vermögen erforderlich, und die Diversifikation ist quasi eingebaut. Außerdem gibt es attraktive steuerliche Vorteile. Auf solche Investitionen kann das Value-Investing angewendet werden.

Geistiges Eigentum

Alle Investoren wissen um die wachsende Bedeutung geistigen Eigentums, das den Unternehmenswert erhöht. Patente, Handelsmarken,

Urheberrechte und andere immaterielle Vermögenswerte können Cashflows bewirken, die um ein Vielfaches höher sind als die Mittelzuflüsse aus traditionellem, »harten« Anlagevermögen wie Grundbesitz, Fabriken, Einrichtungen und Maschinen.

Als weniger gut werden die Aussichten für jene bezeichnet, die geistiges Eigentum ihr Eigen nennen. Autoren und Komponisten genießen Urheberrechte, Erfinder haben ein Recht auf Patente. Diese Rechte bringen den Innovatoren nur selten ein hohes Einkommen.

Investoren können eine Beteiligung an einem geistigen Eigentum erwerben. Wer beispielsweise an den Honoraren für das Gesamtwerk des britischen Rockstars David Bowie partizipieren will, sollte einen Blick auf die verbrieften Rechte werfen: Im Jahr 1997 brachte ein solcher Deal auf der Grundlage von 250 Titeln, einer Laufzeit von 15 Jahren und einem Coupon von 7,9 Prozent immerhin 55 Millionen Dollar ein. Dies war die erste Verbriefung privat gehaltener Rechte auf geistiges Eigentum und die erste, die sich auf die Rechte an der Aufzeichnung von Musik bezog.

Verbriefungen sind eine bewährte Methode, verschiedene Vermögenswerte zusammenzufassen, einschließlich aller Arten geistigen Eigentums, und auf ihre Cashflows Wertpapiere auszustellen. Dies läuft über eine spezielle Treuhandgesellschaft, deren einziges Vermögen aus dem geistigen Eigentum besteht, das ihr übertragen wurde. Im Fall von David Bowie wurde dieses Geschäft durch eine Übertragung der Honorare aus verschiedenen Aufnahmen bekräftigt.

Der Trust ist eine eigene Rechtsperson. Er emittiert Wertpapiere, die in der Regel an den öffentlichen Kapitalmärkten gehandelt werden. Normalerweise werden Trusts von Rating-Agenturen bewertet, oft mit einer sehr guten Note wie A oder besser. Die erforderliche Bonität für ein solches Rating wird zuweilen durch eine Garantie für Zahlungsströme einer Finanzinstitution abgesichert, die selbst mit AAA bewertet wurde, oder durch Barreserven des Trusts aus den restlichen Anteilen des Künstlers für den Fall, dass ein Fehlbetrag entstehet.

In diesem Strom ist viel Bargeld unterwegs, und es ist wichtig zu verstehen, wer welche Rechte hat. Künstler werden nur aus den Honoraren bezahlt, die mit den Plattenfirmen vertraglich vereinbart wurden. Nur solche Vermögensteile unterstützen den Trust, nicht aber das sonstige Vermögen des Künstlers. Komponisten und Autoren teilen sich drei Arten von Honoraren: für Veröffentlichungen, für Auftritte in Funk und Fernsehen und für Synchronisation (etwa in Werbespots). Auch Musikverlage erhalten automatisch Honorare, die Sendeanstalten bezahlen, um die Originalversion oder eine Coverversion von Musikstücken senden zu dürfen.

Das Geschäft mit David Bowie ist ein Beispiel für die individuelle Verbriefung von Honoraren aus Musik. Eine andere Form ist die Bündelung mehrerer Künstler in einem Pool. Die Bündelung praktizieren vorrangig Musikverlage, die eine Reihe renommierter Künstler unter Vertrag haben, die in Gemeinschaftsprojekten zusammenarbeiten.

Halten Sie auch Ausschau nach anderen Gemeinschaftsproduktionen von Künstlern, deren Rechte auf geistiges Eigentum aus unterschiedlichen Bereichen stammt. Zu solchen Künstlern zählen heute auch die Stammgäste bei Motown wie Edward Holland, Lamont Dozier und Brian Holland (»Stop! In the Name of Love«), James Brown, die Isley Brothers, Iron Maiden und Rod Stewart.

Andere Vermögensteile, die hier eingebracht werden, sind Fernsehsyndikate, hier etwa der Hit Seinfeld. Ebenso dabei sind Verträge mit Autoren wie Dr. Seuss, Mannschaften aus dem Profisport und einzelnen Athleten.

Edelmetalle

Die Bewertung von Edelmetallen wie Gold und Silber unterscheidet sich von der anderer Investitionen. Es ist üblich, sich auf den intrinsischen Wert eines Unternehmens, gemessen am künftigen abgezinsten Cashflow, zu beziehen. Die Referenz ergibt eine Grundlage, ausgedrückt in Barmitteln, die den Wert anzeigt.

In politischen und wirtschaftlichen Krisenzeiten und auch in Phasen, in denen das unternehmerische Engagement an einem Tiefpunkt angelangt ist, werden Papiervermögen wertlos, und den höchsten Wert weisen Edelmetalle auf. In solchen Zeiten ist es gut, wenn man derlei Vermögen mit seinem hohen intrinsischen Wert besitzt.

Ein solches Vermögen ist Silber. Während Papiervermögen in weltweiten Krisen deutlich an Wert verliert, behält Silber seinen Wert, und dieser kann sogar noch steigen. (Auch der Preis für Gold wird enorm steigen, siehe unten.) Jeder Investor sollte sich überlegen, ob er nicht eine kleine Menge dieser Edelmetalle in sein Depot legen will; der Anteil sollte bis zu zehn Prozent betragen, je nach Marktlage.

Silber ist eine Kapitalanlage, und deshalb können hier die gleichen Regeln angewendet werden. Value-Investoren, die in Silber investieren, verstehen, wie das Metall gewonnen wird, wie es bearbeitet wird, wie und wo es Anwendung findet und wie es gekauft und verkauft wird. Kurz gesagt, sie verstehen die Auswirkungen von Angebot und Nachfrage bei Silber. Es ist ein Metall, das in der Industrie Verwendung findet, was bedeutet, dass es eine physische Nachfrage nach Silber als Rohstoff für die industrielle Produktion gibt.

Was die Angebotsseite betrifft, ist Silber häufig ein Kuppelprodukt von Kupfer als Grundmetall. Wenn also die Preise für Kupfer steigen, dann fallen die Preise für Silber. Auf der Nachfrageseite wird Silber hauptsächlich für Filmmaterial genutzt (daher kommt auch der amerikanische Begriff »Silver Screen« = Leinwand). Die Entwicklung und die starke Verbreitung der digitalen Fotografie, die kein Silber benötigt, mindern die Nachfrage und drücken die Preise nach unten.

Die einfachste Methode, Silber zu kaufen, ist, Barren aus Feinsilber und Münzen mit niedrigem Nennwert zu erwerben. Diese haben zwar normalerweise einen fairen Preis im Vergleich zu ihrem Wert, aber die Händler verlangen eine Provision. Hohe Preisaufschläge zerstören den Wert der silbernen Gedenk- und Sammlermünzen und des schönen Silberschmucks; deshalb werden diese Dinge zu Prestigeobjekten statt zur Kapitalanlage. Die Preise und der Wert dieser Instrumente können variieren, weil die Menschen dazu persönliche Bindungen entwickeln und dann persönliche Wertmaßstäbe höher werden als Marktbewertungen.

Eine Möglichkeit, vom Silbermarkt zu profitieren, ist die Beteiligung an Silberminen. Steigende Metallpreise kommen in der Regel den Fördergesellschaften zugute, doch fallende Preise sind leichter zu verschmerzen. Die Performance und somit auch der Aktienkurs können stark bleiben, selbst wenn die Märkte für Edelmetalle schwach sind. Die Bewertungen, die auf den geschätzten Cashflows der Fördergesellschaften beruhen, sind abhängig von den Cashflows aus der laufenden Förderung und den voraussichtlichen Erträgen aus erwiesenen und wahrscheinlichen Förderreserven. Dies stellt eine Ausnahme von der üblichen Aversion des Value-Investings gegen Wachstumsschätzungen dar.

Nun zu Gold. Auch wenn es in der Industrie (von Elektronik bis zu chemischen Produkten) vielfach eingesetzt wird, ist Gold in erster Linie ein Metall, aus dem Münzen geprägt werden. Sein Wert bestimmt sich nach makroökonomischen Kriterien, etwa den Zinsen, den Währungsschwankungen und dem Inflationsniveau. Deshalb reagiert Gold sensibler als Silber und andere Edelmetalle auf überraschende strukturelle Veränderungen; Beispiele wären die Abkopplung vom Goldstandard bei den Währungen oder die Auflösung der Goldreserven durch die Zentralbanken. Galt Gold früher als Garant gegen hohe Inflations- und Zinsraten, haben heute Derivate wie Terminkontrakte und Optionen die Führung übernommen.

Sammlungen

Silber kann eine reine Kapitalanlage sein; es kann aber auch zur Sammelleidenschaft werden. Seltene Silbermünzen oder Silberbecher beispielsweise können wertvoll sein. Das gilt auch für Gemälde, alte Drucke, Skulpturen, für Antiquitäten wie Uhren, Autos und Möbel. Dies sind zuweilen hervorragende Investitionen, gemessen an der erzielten wirtschaftlichen Rendite. Allerdings lassen sie eine zum Teil enge emotionale Bindung entstehen, die es schwierig macht, sich von ihnen zu trennen, selbst wenn ein deutlicher Gewinn erzielt würde.

Sicherlich können Sie solche Sammlungen als Teil Ihres Portfolios ansehen, wenn es Ihnen darum geht, eine Art Rundumversorgung mit allen wirtschaftlichen Positionen, Risiken und Chancen aufzubauen. Doch gerade weil eine emotionale Bindung besteht, ist eine angemessene Diskontierung (Abzinsung) erforderlich. Es ist wesentlich einfacher, bei einem Notfall ein Bankzertifikat über 1.000 Dollar oder 100 IBM-Aktien zu verkaufen als ein Dutzend amerikanische Silberdollars. Dies unterstreicht wiederum den Unterschied zwischen Preis und Wert, dem Kernstück des Value-Investings.

Tabelle 13.1 fasst alle alternativen Anlagemöglichkeiten und ihre Preis-Wert-Relationen zusammen, über die in diesem Kapitel gesprochen wurde.

Reine Anleihen	Laufzeit und Couponrate bestimmen den Kurs
Wandelanleihen	Die Aktien-Komponente verursacht Schwankungen, geringer Unterschied zwischen Kurs und Wert
Immobilien	Käufer empfinden eine Kluft zwischen Preis und Wert, wenn sie nach einem guten Geschäft suchen
Edelmetalle	Ungleichgewicht zwischen Angebot und Nachfrage führt zu Unterschieden zwischen Preis und Wert
Sammlungen	Persönliche Bindung führt zu Unterschied zwischen Preis und Wert

Tabelle 13.1 Alternative Kapitalanlagen und ihre Preis-Wert-Relation

simplified

14 Zusammenfassung der Grundsätze

Value-Investing ist letztlich eine Sache des gesunden Menschenverstandes, der auf die Kapitalanlage angewendet wird. Die allgemeine Philosophie dieses Investmentansatzes und seine Kernaussagen wurden in den bisherigen Kapiteln zusammengefasst; sie können noch weiter verdichtet werden. Die zehn Grundsätze des Value-Investing sind es wert, noch einmal besonders hervorgehoben zu werden.

Das Mr.-Market-Prinzip

Value-Investoren machen es sich zur Gewohnheit, den Preis mit dem Wert zu vergleichen. Sie wissen, dass die Aktienbörsen steigen und fallen. Die Kurse einzelner Aktien können relativ stark schwanken. Im Fall von Aktien und Aktienbörsen zeigen die Bullen übertriebenen Optimismus, die Bären übertriebenen Pessimismus. Die nüchterne Vernunft, mit der die Value-Investoren leben, liegt genau in der Mitte. Es gibt Aktien, deren Kurs höher liegt, als das zugrunde liegende Unternehmen wert ist, aber es gibt auch Aktien, deren Kurs unter dem Wert des Unternehmens liegt. Zwar gleicht sich dieses Phänomen über lange Zeiträume betrachtet aus, doch die ideale Strategie besteht darin, aktiv nach solchen Anlagemöglichkeiten zu suchen, deren Kurs unter dem Wert liegt.

Das Prinzip der Unternehmensanalyse

Value-Investoren stellen keine Vermutungen an, wann der Markt oder eine Aktie den Höhepunkt erreicht hat, darüber liegt oder an einem Punkt dazwischen liegt. Es wird immer Zeiten geben, in denen einige Positionen in Relation zu ihrem Wert einen attraktiven Kurs aufweisen, und andere Zeiten, in denen das Gegenteil der Fall ist. In Zeiten einer Hausse, wie Ende der 90er-

Jahre, gibt es weniger gute Gelegenheiten, und in Zeiten wie den ersten Jahren des 21. Jahrhunderts gibt es mehr. Die ungeheure Vielzahl der Erwartungen erhöht sich in fallenden Märkten und vermindert sich, wenn die Märkte wieder in eine Aufwärtsbewegung übergehen. Tendenzen in beide Richtungen verstärken sich, wenn sich Pessimismus oder Optimismus verbreiten. In solchen Phasen ist es wichtig, dass man die Unternehmen, das Rechnungswesen und die Grundregeln der Bewertung kennt.

Das Prinzip vernünftiger Kurse

Die Zeit und die Kraft von Value-Investoren sind zu wertvoll, um eine Vorhersage zu treffen, wann Hoch- und Tiefpunkte erreicht werden. Wenn der Kurs nur einen Teil des Wertes ausmacht, dann kaufen Value-Investoren, auch wenn sie wissen, dass der Kurs noch tiefer fallen kann. Langfristig wird sich diese Lücke wieder schließen, und oft wird der Kurs dann über dem Wert liegen.

Das Prinzip der Dummköpfe

Nur Dummköpfe verlieren bei der Kapitalanlage in Aktien Geld. Anleger, die immer versuchen, den richtigen Zeitpunkt zu erwischen, und Anleger, die nicht in der Lage sind, den zugrunde liegenden Wert eines Unternehmens zu bestimmen, sollten sich von Aktien fernhalten – sowohl von der Aktienauswahl als auch von der Anlageentscheidung. Diejenigen, die so dumm sind, werden wahrscheinlich auch beim Poker der Dummkopf bleiben, der gar nicht merkt, dass sein Geld bald einem anderen gehören wird. Poker und Aktienauswahl sind verzwickte Angelegenheiten und nichts für Menschen, die zu zuversichtlich sind.

Das Prinzip des Kompetenzbereichs

Value-Investoren treffen genaue Feststellungen zu ihren Kompetenzen. Wenn sie an ihrem Talent zur Aktienauswahl Zweifel haben, dann wählen sie ihre Aktien auch nicht selbst aus. Value-Investoren kennen ihre Grenzen, die hohen Hürden, der ihren Kompetenzbereich umschließt. Sie meiden Anlagemöglichkeiten jenseits und sogar in der Nähe dieser Grenzen. Dies schließt breite Industriesegmente aus, was in der Regel dazu führt, dass Zeit und Kraft sinnvoll eingesetzt werden, indem die Unternehmen auf den Prüfstand gestellt werden. Anleger, die nicht in der Lage sind, ihren Kompetenzbereich abzustecken und zu beherrschen, sollten von einer Aktienauswahl gänzlich Abstand nehmen.

Wer das Bedürfnis hat, einen Teil seines Vermögens in Aktien anzulegen, wählt am besten andere Finanzinstrumente als einzelne Aktien, etwa Investmentfonds oder Indexfonds, oder er zahlt auf ein diversifiziertes Rentenkonto ein. Diese jedoch operieren als ein Teilbereich eines breiteren Marktes, und deshalb können die Kurse sowohl zu hoch als auch zu niedrig sein. Das bedeutet, dass man die zehn Grundregeln des Value-Investings ebenfalls anwenden muss, allerdings nicht ganz so streng.

Das Prinzip des Schutzes

Schwankungen an den Börsen, Diskrepanzen zwischen Kurs und Wert und die Risiken, die ein zu großes Selbstvertrauen mit sich bringt, legen es nahe, bei der Auswahl eines Investitionsobjekts außerordentliche Vorsicht walten zu lassen. Durch die Konzentration auf das Unternehmen stellen Value-Investoren sicher, ob dieses selbst vor Widrigkeiten geschützt ist. Value-Investoren meiden Unternehmen, die durch einen Rückgang der Nachfrage nach ihren Produkten, durch Rezessionen, Angriffe durch Konkurrenten und technologische Veränderungen bedroht sind. Das Unternehmen selbst muss von einem Schutzwall umgeben sein, einer Verteidigungsbarriere gegen all diese Auswirkungen, die aus einem bekannten Markennamen, aus Gütern des täglichen Bedarfs, aus Marktstärke und aus intensiver Forschung und Entwicklung gebildet wird. Der Firmenwert ergibt sich aus hohen und nachhaltigen Eigenkapitalrenditen.

Das Prinzip der Sicherheitsspanne

Value-Investoren machen sich Sorgen, wenn sie den Eindruck gewinnen, sie liegen falsch, auch wenn sie sich an die ersten fünf Grundregeln halten. Deshalb legen sie einen weiteren Sicherheitsgurt an. Bezogen auf den Punkt, dass die Kurse sich von den Werten unterscheiden, achten Value-Investoren darauf, eine möglichst weite Sicherheitsspanne zu bekommen. Diese Sicherheitsspanne schützt vor Irrtümern bei der Beurteilung des Investments. Zwar sollte keine der zehn Grundregeln außer Acht gelassen werden, doch diese hier ist die wichtigste Regel von allen. Wenn Sie diese Regel befolgen, dann lassen sich auch die anderen Grundsätze leichter befolgen.

Das Prinzip der Gesetzestreue

Die Buchführungsskandale der ersten Jahre des 21. Jahrhunderts schafften es bis auf die Titelseiten der Zeitungen. Dies unterstreicht den traditionell hohen Stellenwert, den der Faktor Vertrauen bei der Kapitalanlage genießt. Value-Investoren legen ihr Geld nur in Unternehmen an, von denen bekannt ist, dass sie aufrichtige Verwalter des Kapitals der Anleger sind. Sie suchen nach Beweisen für ein gutes Urteilsvermögen und faire Vorgehensweisen. Die Vergangenheit ist da nicht immer ganz zuverlässig, doch jeder Hinweis auf früheres Fehlverhalten eines Managers reicht aus, das ganze Unternehmen zu disqualifizieren. Value-Investoren verlangen von den Managern jener Unternehmen, die sie für eine Kapitalanlage in Betracht ziehen, dass sie sich stets im Rahmen der gesetzlichen Vorschriften bewegen. Wenn Sie nicht wollen, dass ein Top-Manager eines Unternehmens Ihr Schwiegersohn wird, dann werden Sie in dieses Unternehmen auch kein Geld investieren.

Das Prinzip des Elitären

Nur wenige Aktien- oder andere Kapitalanlagen sind so gestrickt, dass all diese Grundregeln Anwendung finden. Value-Investoren behandeln

Unternehmen wie Bewerber, die in einen exklusiven Klub eintreten wollen, den sie betreiben und dessen Exklusivität sie erhalten wollen. Es ist weitaus besser, einen Irrtum zu begehen, bei dem jemand ausgeschlossen wird, als einen Irrtum dahingehend, einen falschen Bewerber aufzunehmen. Die Unternehmen, die sozusagen in das Portfolio eines Value-Investors eingeladen sind, nachdem sie dieses elitäre Ausschlussverfahren überstanden haben, können öfter eingeladen werden, und man kann weitere Aktien nachkaufen, wenn es die Umstände zulassen. Es ist weit wichtiger, quer durch die verschiedenen Anlagemöglichkeiten zu diversifizieren – Sparkonten, einige Anleihen, Immobilien und Aktien –, als nur innerhalb des Bereichs der Aktien zu streuen.

Das Prinzip des Eigentums

Auf der Grundlage der zehn Regeln sollten Value-Investoren ihre Anlageentscheidungen treffen. Sie sind nicht nur Eigentümer der Aktie, sondern Eigentümer eines Teils des Unternehmens. Deshalb gibt es die Prinzipien der Unternehmensanalyse, des Dummkopfs, der Sicherheitsspanne und des Schwiegersohns. Dies erfordert, dass die Aktienauswahl in der Art und Weise durchgeführt wird, wie der Eigentümer eines Kleinunternehmens seine Entscheidungen über seinen Laden, seine Farm oder seinen Handwerksbetrieb trifft. Dazu braucht man eine gewisse Weitsichtigkeit, denn es bedeutet, dass man jenes Schnellfeuer beim Umschlag der Aktien vermeidet, das für Portfolios vieler kurzsichtiger Trader so charakteristisch ist. Genau das ist Value-Investing.

Druck:
CPI Druckdienstleistungen GmbH
im Auftrag der
Kolibri 360 GmbH
Ferdinand-Jühlke-Str. 7
99095 Erfurt

FSC
www.fsc.org
MIX
Papier | Fördert gute Waldnutzung
FSC® C083411

Kolibri 360 GmbH
Ferdinand-Jühlke-Straße 7
99095 Erfurt, Deutschland
produktsicherheit@kolibri360.de